中華學術叢書

唐勾檢制研究

王永興　著

圖書在版編目(CIP)數據

唐勾檢制研究 / 王永興著. -- 上海 ：上海古籍出版社，2025．6． -- (中華學術叢書)． -- ISBN 978-7-5732-1617-5

Ⅰ. D691.42

中國國家版本館 CIP 數據核字第 2025MZ8549 號

中華學術叢書

唐勾檢制研究

王永興　著

上海古籍出版社出版發行

(上海市閔行區號景路 159 弄 1－5 號 A 座 5F　郵政編碼 201101)

(1) 網址：www.guji.com.cn

(2) E-mail：guji1@guji.com.cn

(3) 易文網網址：www.ewen.co

常熟市人民印刷有限公司印刷

開本 890×1240　1/32　印張 5.25　插頁 5　字數 114,000

2025 年 6 月第 1 版　2025 年 6 月第 1 次印刷

ISBN 978－7－5732－1617－5

K·3869　定價：58.00 元

如有質量問題,請與承印公司聯繫

自　序

在本世紀三十年代出版的鞠清遠著《唐代財政史》，曾極簡略地論述尚書省比部的勾檢職能。此後的半個世紀中，學術界没有再討論過這個課題。

近年來，我讀《唐六典》《舊唐書·職官志》《新唐書·百官志》，注意到各級官府中具有"勾檢稽失，省署抄目"職能的官吏，這種官吏就是律、令中所説的勾檢官，或簡稱之爲勾官。除門下省中書省外，從中央到地方的各級官府都設置勾官。這種現象使我認識到勾官普遍存在，勾檢制是普遍實行的制度。

近年來，我讀敦煌文書和吐魯番文書，發現很多文書上有朱書字句和各種朱色標記，數量之多，要以千計。這數以千計的朱書字句和朱色標記，是誰書寫的？是誰畫的？用意如何？迄今爲止，學術界還不能回答這些問題。

使我把上述兩方面的史料結合起來並回答後一方面提出來的問題的是《唐六典·尚書都省》"左右司郎中員外郎"條的記述：

> 凡文案既成，勾司行朱訖，皆書其上端，記年月日，納諸庫。

1

　　朱書字句和朱色標記和"行朱"具有相同或相類似的意義,這些朱書字句和朱色標記是勾司寫的、畫的,是屬於勾檢制的資料。《唐六典》《舊唐志》《新唐志》所記載的是勾官和勾檢制度,敦煌文書、吐魯番文書上的朱書字句和朱色標記是勾官實行勾檢制的實際記錄。

　　上自中央,下到地方,勾檢制普遍實行,並自成體系。唐史研究者熟知唐官制中三個系統,即機要決策系統、行政管理系統和監察系統。但大量事實表明,在這三個系統之外,還存在着勾檢系統,而這一點長時期以來爲研究者所忽略。唐代對官吏的管理比較嚴格,行政辦事效率較快較高(這是管理一個封建國家的根本問題),這兩者都和官制中的勾檢系統密切關聯。論述唐官制而不及勾檢制,則所論述者是不完備的。我們從唐代的實際出發,可以看到唐官制中本來就有勾檢系統。長時期以來,唐官制這一重要組成部分被忽視,沒有得到研究。我的這本小書企圖填補唐官制研究中這片空白。我盡可能地詳細而全面地論述,希望能恢復唐勾檢制及其實行的原面貌。請讀者指正。

　　　　一九八七年七月十二日於北京大學朗潤園

目　　録

唐代勾檢制的直接淵源，可就比部設置的時間來推定。按《唐六典》六《刑部》云：

> 比部郎中一人，從五品上。
>
> 魏氏置，歷晉、宋、齊、後魏、北齊，皆有郎中。後周天官府，有計部中大夫，蓋其任也。梁、陳、隋並爲侍郎，煬帝曰比部郎。自晉、宋、齊、梁、陳，皆吏部尚書領比部，後魏、北齊及隋，則都官尚書領之。皇朝因焉。

《通典》二一《職官四·尚書省》"歷代郎官"條略云：

> 魏自黃初，改祕書爲中書，置通事郎，掌詔草。而尚書郎有二十三人：有殿中、吏部、駕部、金部、虞曹、比部……

據上引，尚書比部的設置，始自魏黃初，其後，西晉、東晉、宋、齊、梁、陳、後魏、北齊、北周、隋沿襲了這一官職。《通典》《晉書》《宋書》《南齊書》《魏書》《隋書》的記載與《唐六典》同。但明確指出比部的勾檢職能的是《隋書》關於北齊官制的記述。

《隋書》二七《百官志》（北齊制）"尚書省"條云：

> 比部，掌詔書律令勾檢等事。（《通典》二三《職官五》"尚書比部郎中"條同，當抄自《隋志》）

1

隋煬帝時九寺丞也有勾檢職能,如《隋書》二八《百官志》云:

> 煬帝即位,多所改革……光禄已下八寺卿,皆降爲從
> 三品。少卿各加置二人,爲從四品。諸寺上署令,並增爲
> 正六品,中署令爲從六品,下署令爲正七品。始開皇中,
> 署司唯典掌受納,至是署令爲判首,取二卿判,丞唯知勾
> 檢。令闕,丞判。〔大業〕五年,寺丞並增爲從五品。

我推測,隋代的勾檢制較前朝有較大的發展,唐承隋制,進一
步發展成爲完備的勾檢制度。

一、勾檢制度的普遍性

勾檢制是唐官制的四個組成部分之一,但却不爲研究者
所注意。無論是唐史專著或研究唐官制專著,很少説到勾檢
制。由於這種情況,我首先要説的是,唐勾檢制不僅存在,而
且普遍存在,在幾乎所有的内外上下官府中普遍存在。在整
個行政管理系統和監察系統的各級官府都設置勾官。我要一
個部門一個部門地指出官府中的勾官和勾檢制度。爲了使讀
者瞭解我提出來的有關唐勾檢制的大批史料,我應首先説明
勾官和勾檢制在《律》及《律疏》中的涵義。

《唐律疏議》五《名例律》"諸同職犯公坐者"條略云:

> 檢勾之官,同下從之罪。

【疏】議曰：檢者，謂發辰檢稽失，諸司録事之類。勾者，署名勾訖，録事參軍之類。

同上書"諸公事失錯"條疏議略云：

公事失錯……唯是公坐，情無私曲，檢勾之官雖舉，彼此並無罪責。

同上書"諸公事失錯"條又略云：

其官文書稽程，應連坐者，一人自覺舉，餘人亦原之，主典不免；若主典自舉，並減二等。

【疏】議曰："文書"，謂公案。小事五日程，中事十日程，大事二十日程，徒罪以上辯定後三十日程，此外不了，是名"稽程"。

問曰：公坐相連，節級得罪，一人覺舉，餘亦原之。稽案既是公罪，勾官亦合連坐，勾檢之官舉訖，餘官何故得罪？

答曰：公坐失錯，事可追改，一人舉覺，餘亦原之。至於行事稽留，不同失錯之例，勾官糾出，故不免科。

據此，勾官之得名，由於他們行使勾檢職能。勾檢職能有三：一爲勾檢稽失，二爲省署抄目，三爲受事發辰，但主要的職能是勾檢稽失。勾檢的内容有二：一爲"失"，即公事失錯，也就是處理案件違反了制度。二爲"稽"，或曰稽程，也就是沒有在國家規定的日程内把案件處理完畢。前者是把事情辦錯了，後者是把事情辦慢了，辦錯辦慢都是國家不允許的，都應由勾官糾出。

勾官亦稱爲勾檢官，見於《唐六典》二"吏部侍郎"條，其文云：

凡同司聯事及勾檢之官，皆不得注大功已上親。

勾官及勾檢制的涵義，簡略解釋如上。以下按唐官制中官府的地位及順序，一一舉出各個官府中的勾官及其職能。

（一）内官官府中的勾官及其職能

（甲）尚書都省

《唐六典》一《尚書都省》"左右司郎中員外郎"條（《通典》二一《職官四·尚書省》"左右司郎中員外郎"條、《舊唐書》四三《職官志·尚書省》"左右司郎中員外郎"條略同）云：

> 左右司郎中員外郎，各掌付十有二司之事，以舉正稽違，省署符目，都事監而受焉。

《唐會要》五八《尚書省諸司中》"左右丞"條略云：

> 武德元年，因隋舊制不改。至龍朔二年二月四日，改爲左右肅機。咸亨元年十二月二十三日，復爲左右丞。……永昌元年三月二十日，勅曰：元閣會府，區揆實繁，都府勾曹，管轄綦重，還依仍舊之職，未協維新之政。

> 龍朔二年，有宇文化及子孫理資蔭，所司理之，至於勾曹，右肅機楊昉未詳案狀。訴者自以道理已成，而復疑滯，劾而逼昉。昉謂曰："未食。"[①]訴者曰："公云未食，亦知天下有累年羈旅訴者乎？"昉遽命案，立判之曰："父殺隋主，子訴資蔭，生者猶配遠方，死者無以使慰。"

《新唐書》四六《百官志·尚書省》"左右司郎中員外郎"條云：

> 郎中各一人，從五品上；員外郎各一人，從六品上。掌付諸司之務，舉稽違，署符目，知宿直，爲丞之貳。以都

---

① 編者注："未食"後似當補"食畢詳之"一句。

事受事發辰,察稽失,監印,給紙筆;以主事、令史、書令史署覆文案,出符目。

　　都事各六人,從七品上。

　　據上引,尚書都省的左右丞和左右司郎中、員外郎以及都事都是勾官。"元閣會府""都府勾曹"顯示了尚書左右丞的勾檢職能。"會府"的"會"字意爲計會及核對,是勾官勾檢用語開端的字。本書第三部分還要詳說。左右司郎中、員外郎的職能之一是"舉正稽違",也就是勾檢稽違,也就是勾檢稽失。特別值得注意的是,尚書都省的左右司郎中、員外郎也是尚書省六部的勾官,讀《六典》的記述可知。因此,六部不再設置勾官。

　　尚書左右丞及左右司郎中、員外郎的勾檢職能不只是一般地檢稽違,他們還擔負着更重大勾檢職務。本書第二部分還要詳說。

　　門下省、中書省不設置勾官,不知何故? 是否由於這兩省是中樞決策機構? 這有待於進一步研究。

(乙) 秘書省、殿中省、内侍省

《唐六典》一〇《秘書省》云:

　　主事一人,從九品上。皇朝置,掌印并勾檢稽失。

《唐六典》一一《殿中省》云:

　　丞二人,從五品上。

　　丞掌判監事,兼勾檢稽失,省署抄目。

　　主事二人,從九品上。

　　主事掌印及知受事發辰。

《唐六典》一二《内侍省》云:

5

主事二人，從九品下。……皇朝置二人，掌付事勾稽省抄也。

"勾稽"乃"勾檢稽失"的省略，"省抄"乃"省署抄目"的省略。據上引，秘書省的勾官是主事，殿中省的勾官是丞和主事，內侍省的勾官是主事。他們的勾官職務是相同的。

上文記述的尚書都省左右司郎中、員外郎的職務之一是：省署符目；秘書省、殿中省、內侍省的勾官的職務之一：省署抄目。何謂符目？何謂抄目？以下引一件文書爲例説明符目。

馬伯樂（HENRI MASPERO）在其所著（*LES DOCUMENTS CHINOIS*）一書中載有唐代符目歷，這是研究唐代符目的重要資料。兹據馬伯樂氏書中所附圖版全文迻錄如下：

No. 263. — Ast. I. 4. 018.

1	⬜事
2	⬜課事
3	⬜坊肉錢事
4	⬜駈犯盜移縢荵嶺事
5	⬜官人被訟牓示要路事
6	⬜兵曹符爲差輸丁廿人助天山屯事
7	⬜户曹符爲給張玄應墓夫十人事
8	⬜曹符爲衛士安思忠收領事
9	⬜符爲麴識望身死事
10	⬜符爲警固事
11	⬜法曹符爲公主寺婢逃走事
12	⬜符爲流人趙長壽捕捉事
13	⬜兵曹符爲警固事
14	⬜爲已西烽火不絶警備事

15 　　　　帖爲勘寄住等户速上事

16 　　　　爲警固事　一符爲訪廉蘇蘇事

17 　　　　爲訪王李絢事　一符爲訪流人口張什趙長壽事

18 　　　　符張師子受勳出事

19 　　　　曹符爲西夷(?)僻被圍警固事

20 　　　　符爲徵車坊牛分付龍申事

21 　　　　禿子舉車坊麥事

22 　　　　均攤諸親物庫藏所由上事

23 　　　　爲徵北館車坊牛事

24 　　　　爲警固排比隊伍事

25 　　　　警固收拾羊馬事

26 　　　　符爲坊令史筱揚塲事

27 　　　□□賊事

28 　　　□囚使爭繼事

　　上列爲西州下高昌縣的符目,所謂"目"就是一件符的綱要,就是一件符中所説的事以簡短文字的表達。

　　同時要指出的:每一件符目的右側都有朱點,這些朱點點在最緊要處。這些朱點是勾官勾檢的標誌,是勾官點的。

　　馬伯樂氏未標明文書年代,池田温氏標明爲開元年代(見池田温著《中國古代籍帳研究》),姑從之。文書二十三行"□爲徵北館車坊牛事",據此,這些符是西州下高昌縣的符。文書六行"□兵曹符爲差輸丁廿人助天山屯事",意爲從高昌縣差輸丁廿人到天山縣助天山屯。文書四行"葱嶺事"上一字,池田氏録爲"隸"。"移隸葱嶺",文義難解。細審圖版,此字應作"羚"。羚,郊羊也。文書二十一行"車坊麥事"上一字,池田氏録文録爲"辛",細審圖版,此字應作"舉"。

7

以下解釋抄目：

《唐六典》一《尚書都省》云：

> 尚書省下於州，州下於縣，縣下於鄉，皆曰符。

又云：

> 京師諸司，有符、移、關、牒下諸州者，必由於都省以遣之。

據此，京師諸官府行下的符，都必須經過尚書都省。"符目"就是這些符的目録。

至於抄目，按《新唐書》四七《百官志·内侍省·宮官》"尚宮局"條云：

> 司記二人，正六品，二十四司皆如之。掌宮内文簿入出，録爲抄目，審付行焉。牒狀無違，然後加印。典記佐之。

《唐六典》一二《内官》"尚宮局"條云：[①]

> 司記二人，正六品。典記二人，正七品。掌記二人，正八品。
>
> 司記掌印，凡宮内諸司簿書，出入録目，審而付行焉。典記、掌記佐之。

《舊唐書》四四《職官志》"内官宮官"條云：

> 尚宮二人，正五品。司記二人，正六品。典記二人，正七品。掌記二人，正八品。
>
> 尚宮職掌：……凡六尚書物，出納文簿，皆印署之。司記掌印，凡宮内諸司簿書，出入目録，審而付行焉。典記佐之。

據上引三條史料，"抄目"就是一個官府收入的和發出的文書的目録，"抄目"是"録爲抄目"的簡稱，也可稱爲録目。這

---

① 編者注："内官"似當爲"宮官"。

三條史料所説的"審付行焉"或"審而付行焉",其意與"省署抄目"相同。"抄目"由勾官審之,並簽署。"抄目"的詳細解釋,見下文。

勾官的勾檢職能之一——受事發辰,怎樣解釋呢？我舉出下列一件官府文書的二行作爲例證,並加以説明。

《武則天長安二年(703)三月括逃使牒并敦煌縣牒》(大谷二八三五)

22　　　　三月十六日,録事受

23　　　　尉攝主簿　付司户

二十二行所記就是"受事發辰"。"受事"即受括逃使牒。"發",始也；"辰",日也。"發辰"乃受牒的始日,即三月十六日。按《唐六典》一《尚書都省》"左右司郎中員外郎"條引《公式令》云：

　　　凡内外百司所受之事,皆印其發日爲之程限：一日受,二日報。其事速及送囚徒,隨至即付。

以上引文中的"所受之事"即"受事","發日"即"發辰","受事發辰"是勾官録事的職務。所以要登記受事的始日,也是爲了勾檢,上引《公式令》中所説的"皆印其發日爲之程限"説明了登記受事的始日的意義,有了始日纔能計數程限,纔能檢查行政辦事是否稽程。"受事發辰"是和"勾檢稽失"緊密關聯的。

上引《公式令》中的"二日報",可與上引大谷文書中的"尉攝主簿　付司户"對比説明。"二日報"即收到文案的次日付與應處理此文案的曹司,括逃使牒與户口有關,故付予司户。這也是勾官的職務。主簿是縣官府的勾官。

一日受,二日報,這是通常情況,但如遇特殊情況,《公式令》規定："其事速及送囚徒,隨至即付。"上引大谷文書表明,括户是緊急的事情,三月十六日勾官録事受括逃使牒,當日,另一勾官尉攝主簿即付司户。這就是"隨至即付。"這一大谷文書下文有"三月十六日受牒,即日行判,無稽",可資證明。

(丙) 御史臺

《唐六典》一三《御史臺》(《舊唐書》四四《職官志》"御史臺"條、《新唐書》四八《百官志》"御史臺"條略同)云:

> 主簿一人,從七品下。
>
> 主簿掌印及受事發辰,勾檢稽失。

《通典》二四《職官六·御史臺》云:

> 主簿:……掌付事勾稽,省署抄目,監印,給紙筆。

據此,主簿是御史臺的勾官。

(丁) 九寺、五監

《唐六典》一四《太常寺》(《舊唐書》四四《職官志》"太常寺"條同)云:

> 主簿二人,從七品上。
>
> 録事二人,從九品上。
>
> 主簿掌印,勾檢稽失,省署抄目。
>
> 録事掌受事發辰。

《通典》二五《職官七·太常寺》云:

> 主簿:……大唐置二人,掌付事勾稽,省署抄目,監印,給紙筆等事。

《唐六典》一五《光禄寺》(《舊唐書》四四《職官志》"光禄寺"條同)云:

> 主簿二人,從七品上。

　　　　錄事二人，從九品上。

　　　　主簿掌印，勾檢稽失。

　　　　錄事掌受事發辰。

　　《唐六典》一六《衛尉寺》（《舊唐書》四四《職官志》“衛尉寺”條同）云：

　　　　主簿二人，從七品上。

　　　　錄事一人，從九品上。

　　　　主簿掌印，勾檢稽失。

　　　　錄事掌受事發辰。

　　《唐六典》一六《宗正寺》（《舊唐書》四四《職官志》“宗正寺”條同）云：

　　　　主簿二人，從七品上。

　　　　錄事一人，從九品上

　　　　主簿掌印及勾檢稽失。

　　　　錄事掌受事發辰（《六典》脱漏，據《舊志》補）。

　　《唐六典》一七《太僕寺》（《舊唐書》四四《職官志》“太僕寺”條同）云：

　　　　主簿二人，從七品上。

　　　　錄事二人，從九品上。

　　　　主簿掌印，勾檢稽失，省署抄目。

　　　　錄事掌受事發辰。

　　《唐六典》一八《大理寺》（《舊唐書》四四《職官志》“大理寺”條略同、《新唐書》四八《百官志》“大理寺”條略同）云：

　　　　主簿二人，從七品上。

　　　　錄事二人，從九品上。

　　　　主簿掌印，省署抄目，勾檢稽失。凡官吏之負犯并雪冤(《新志》作"免")者,皆據所由文牒而立簿焉。

　　録事掌受事發辰。

《唐六典》一八《鴻臚寺》(《舊唐書》四四《職官志》"鴻臚寺"條略同,但有"録事掌受事發辰"一句)云:

　　主簿一人,從七品上。

　　主簿掌印,勾檢稽失。

《唐六典》一九《司農寺》(《舊唐書》四四《職官志》"司農寺"條同)云:

　　主簿二人,從七品上。

　　録事二人,從九品上。

　　主簿掌印,省署抄目(《舊唐志》脱"省"字),勾檢稽失。凡署(《舊唐志》作"置")木契二十隻,應須出納,與署(指上林、太倉、鈎盾、導官四署)合之。

　　録事掌受事發辰。

《唐六典》卷十九《司農寺》"九成宫總監"條略云:

　　主簿一人,從九品下。

　　主簿掌印勾檢監事。

《唐六典》二〇《太府寺》(《新唐書》四八《百官志》"太府寺"條略同)。

　　主簿二人,從七品上。

　　録事二人,從九品上。

　　主簿掌印,省署抄目(《新唐志》脱"署"字),勾檢稽失。凡置木契九十五隻,二十五隻與少府、將作、苑總監合,七十隻與庫官合。十五隻刻"少府監"字,十四隻雄,付少府監。五隻刻"將作監"字,四隻雄,付將作監。五隻刻"苑總監"字,四隻雄,付苑總監。皆應索物(孫逢吉《職官分紀》卷二〇"索"下有"用"字），雌留太府寺。凡官私斗秤尺，每年八月，詣寺校印署（《新唐志》作"平權衡度"），無或差繆，然後聽用之。

錄事掌受事發辰。

兩京諸市署：

丞各二人，正八品上。

丞兼掌監印，勾稽。錄事掌受事發辰。

《唐六典》二一《國子監》（《新唐書》四八《百官志》"國子監"條同）云：

主簿一人，從七品下。錄事一人，從九品下。

主簿掌印，勾檢（《新唐志》作"督"）監事。凡六（《新唐志》作"七"，多廣文館）學生有不率師教者，則舉而免之。其頻三年下第、九年在學及律生六年無成者，亦如之。假違程限，及作樂、雜戲亦同。唯彈琴、習射不禁。

錄事掌受事發辰。

《唐六典》二二《少府監》云：

主簿二人，從七品下。

錄事二人，從九品上。

主簿掌勾檢稽失。凡財物之出納，工人之繕造，簿帳之除附，各有程期，不如期者，舉而按之。

錄事掌受事發辰。

北都軍器監：

主簿一人，正八品上。

錄事一人，正九品下。

主簿掌印及勾檢稽失。

錄事掌受事發辰。

《唐六典》二三《將作監》(《新唐書》四八《百官志》"將作監"條略同)云：

> 主簿二人,從七品下。
>
> 録事二人,從九品上。
>
> 主簿掌印,勾檢稽失。凡官吏之申請糧料俸食,務在候使(《新唐志》作"假使")必由之,以發其事。若諸司之應供四署三監之財物器用違闕,隨而舉焉。
>
> 録事掌受事發辰。

《唐六典》二三《都水監》(《新唐書》四八《百官志》"都水監"條略同)云：

> 主簿一人,從八品下。
>
> 主簿掌印,勾檢稽失。凡運漕及漁捕之有程者,會其日月,而爲之糾舉。

以上九寺五監的勾官都是主簿和録事,他們的勾檢職能都是"受事發辰""勾檢稽失"和"省署抄目"(有些官府勾官之下未寫此四字,可能是簡略)。大理寺、司農寺、太府寺、國子監、少府監、將作監、都水監的勾官所勾檢的事項,《唐六典》和《新唐志》都有具體記述。

(戊) 十六衞、四軍、諸府

《唐六典》二四《左右衞》(《新唐書》四九上《百官志》"左右衞"條同)云：

> 録事參軍事各一人,正八品上。
>
> 録事參軍掌印及受諸曹五府及外府百司所由之事,以發付,勾檢稽失(《新唐志》作"勾稽抄目、印,給紙筆")。

按五府指下文所説的"親府、勳一府、勳二府、翊一府、翊

14

二府"。外府指上文所説的"武安、武成等五十府（即折衝府）"。又按《唐六典》在左右衞之後記述左右驍衞、左右武衞、左右威衞、左右領軍衞，在長史職掌之下均云："餘如左右衞，録事參軍、倉曹、兵曹、騎曹、胄曹所掌亦如之"，或"餘皆如左右衞"。可見十二衞的録事參軍也都是勾官，他們的勾檢職能和左右衞的録事參軍略同，但勾檢的内府外府不同了。左右驍衞的録事參軍所勾檢的内府外府爲"諸曹翊府及永固等四十九府"，左右武衞録事參軍所勾檢的内府外府爲"諸曹翊府及鳳亭等四十九府"，左右威衞録事參軍所勾檢的是"翊府之翊衞"（此據《新唐志》）及"宜陽五十府"，左右領軍衞録事參軍所勾檢的内府外府爲"諸曹翊府及萬敵萬年等六十府"。

《唐六典》二五《左右金吾衞》云：

> 録事參軍事各一人，正八品上。
>
> 録事參軍掌所受翊府、外府及諸衞百司之事，以發付、勾檢。

按"外府"指上文所説的"同軌、寶圖等五十府"。

《唐六典》二五《左右監門衞》云：

> 録事參軍事各一人，正八品上。
>
> 録事參軍掌印發，勾檢稽失。諸司籍傍（《職官分紀》三五作"籍牓"），押於監門者，印署而遣之。

《唐六典》二五《左右千牛衞》云：

> 録事參軍事各一人，正八品上。
>
> 録事參軍掌印發，勾檢稽失。餘如左右衞。

《唐六典》二五《左右羽林軍》云：

> 録事參軍事各一人，正八品上。
>
> 録事參軍已下職如左右衞。

《新唐書》四九上《左右神策軍》云：

> 都勾判官二人，勾覆官各一人。

《唐六典》二五《諸折衝府》云：

> 兵曹參軍一人。上府從八品下，中府正九品上，下府從九品下也。

> 兵曹一人。判府事，付事勾稽，監印，給紙筆。

> 兵曹掌兵吏糧倉、公廨財物、田圍（圃）課稅之事，與其出人（入）勾檢之法。每月簿番上衛士之教（數）以上衛。每歲簿錄事及府史捉□品于補上年月姓名，以上于州，申考功兵部。

根據以上全部史料，十六衛的勾官是錄事參軍，其勾檢職能，《唐六典》作"勾檢稽失"，《新唐志》作"勾稽抄目"，兩書的記載都有所簡略。合併兩書的記載應是："勾檢稽失，省署抄目。"《六典》還記載錄事參軍勾檢的範圍。每一衛的行政事務都在勾檢之列。

左右羽林軍、左右龍武軍及左右神武軍的勾官也都應是錄事參軍，其勾檢職能應和十六衛的勾官相同。左右神策軍的勾官可能是判官，《唐六典》諸書全無記載，《新唐志》的記載很簡略。

十六衛勾官的職能的記述沒有"受事發辰"四字，但卻包含了"受事發辰"的意義，如左右衛的錄事參軍之職有："受諸曹五府及外府百司所由之事，以發付。"左右金吾衛的錄事參軍也有相類的職務。左右監門衛及左右千牛衛的錄事參軍"掌印發"，"發"即"發辰"的省略。我推測，也應該掌受事。《六典》及其他史籍都可能脫略了。

折衝府的勾官是兵曹參軍，他勾檢的範圍很廣泛。傳世《唐六典》的記述有訛脫，如"田圃"誤爲"田圍"，"出入"誤爲

"出人","番上衞士之數","數"誤爲"教",在引文中,我都一一注出。"每歲簿録事及府史捉□品于補上年月姓名"一句文義難解,我認爲所缺一字應填"錢"字,"于"是"子"的誤書,此四字應是"捉錢品子",如此,則文義可通。

(己) 東宮官府

《唐六典》二六《太子詹事府》(《通典》三〇《職官一二·東宮官太子詹事》、《舊唐書》四四《職官志·東宮官屬·太子詹事府》略同)云:

> 主簿一人,從七品下。①
>
> 録事二人,正九品下。
>
> 主簿掌付所受諸司之移判及彈頭之事,而勾會之。凡三寺、十率府文符之隱漏,程限稽失,大事啓文,小事下率更以繩之。及掌印,勾檢稽失。
>
> 録事掌受事發辰。

《唐六典》二七《太子家令寺》(《通典》三〇《職官一二·東宮官·太子家令》略同)云:

> 主簿一人,正九品下。
>
> 主簿掌印及勾檢稽失。凡寺署之出入財物,役使工徒,則剌詹事,上于尚書;有所隱漏,言於司直;事若重者,舉咨家令,以啓聞。

《唐六典》二七《太子率更寺》(《通典》三〇《職官一二·東宮官·太子率更令》、《新唐書》四九上《百官志·太子率更寺》略同)云:

---

① 編者注:按《唐六典》《舊唐書》,太子詹事府主簿當爲從七品上。

主簿一人,正九品下。

主簿掌印及勾檢稽失。凡宗族不序,禮儀不節,音律不諧,漏刻不審,刑名不法,皆舉而正之。若所司决囚,與其丞同監之。

《唐六典》二七《太子僕寺》云:

主簿一人,正九品下。

主簿掌印及勾檢稽失。凡厩牧之畜養,車騎之駕馭,儀仗之付受,喪葬之供給,各有其程。違則糾正之。

《唐六典》二八《太子左右衛率府》(《通典》三〇《職官一二·東宮官·太子左右衛率府》略同。《舊唐書》四四《職官志·太子左右衛率府》略同)云:

録事參軍事各一人,從八品上。

録事參軍事掌監印,發付,勾稽。

左右率府親府、勳府、翊府:

兵曹掌判勾。若大朝會及皇太子備禮出入,則從鹵簿之法而監其羽儀。

《新唐書》四九上《百官志·東宮官》:

太子左右率府:

録事參軍事各一人,從八品上。

親府、勳府、翊府三府:

兵曹參軍事各一人,從九品上,掌判勾。大朝會及皇太子出,則從鹵簿而涖其儀。

據上引《唐六典》及《新唐志》,太子左右衛率府的勾官爲録事參軍,從八品上。左右衛率府下的親府勳府翊府三府的勾官爲兵曹參軍,從九品上。《唐六典》脱漏兵曹參軍的品秩,《新唐志》脱漏録事參軍的勾檢職能。兩書可互補。

《唐六典》二八《東宮官》云：

> 左右司禦率府：
>
> 録事參軍事各一人，從八品下。
>
> 長史掌判諸曹及郊城等三府之事。餘皆如左右率府。

《新唐書》四九上《百官志·東宮官》云：

> 太子左右司禦率府：
>
> 録事參軍事各一人，從八品上。
>
> 親衛、勳衛、翊衛三府中郎將以下如左右衞率府。有兵曹府二人，史三人。

據上引《唐六典》和《新唐志》，太子左右司禦率府的勾官及其下的親衛勳衛翊衛三府的勾官，與太子左右衞率府一樣。《唐六典》所説的"餘皆如左右衞率府"，應指録事參軍及其勾檢職務以及親、勳、翊衛三府及其勾官兵曹參軍和他的勾檢職務。《新唐志》脱漏録事參軍的勾檢職務。《新唐志》著録親、勳、翊衛三府，並説："中郎將以下如左右衞率府"，"以下"應包括三府的勾官兵曹參軍和他的勾檢職務。注文中有兵曹府二人、史三人，也可證明三府之下有兵曹參軍。

《唐六典》二八《東宮官》云：

> 太子左右清道率府：
>
> 録事參軍事各一人，從八品上。
>
> 長史掌判諸曹及絳邑等三府之事，餘如左右率府。

《新唐書》四九上《百官志·東宮官》云：

> 太子左右清道率府：
>
> 録事參軍事各一人，從八品上。
>
> 親衛勳衛翊衛三府中郎將以下如左右衞率府。有兵曹府二人，史三人。

據上引《唐六典》和《新唐志》，太子左右清道率府的勾官及其下的親衛勳衛翊衛三府的勾官，與太子左右衛率府一樣。對《唐六典》和《新唐志》記述的解釋同上文"左右司禦率府"條，不贅述。

《唐六典》二八《東宮官》云：

> 太子左右監門率府：
>
> 録事參軍事各一人，正九品上。
>
> 録事參軍事掌印兼勾稽失。

《唐六典》二八《東宮官》云：

> 太子左右内率府：
>
> 録事參軍事各一人，正九品上。
>
> 録事參軍事掌印兼勾簿書及其勳階考課稽失。

總括上述，太子十率府的勾官都是録事參軍，左右衛率府、左右司禦率府、左右清道率府之下有親、勳、翊衛三府，其勾官爲兵曹參軍。

最後應指出，東宮官中相當於門下省、中書省的左春坊、右春坊，也不設置勾官。

(庚) 諸王國

《唐六典》二九《王府官》（《通典》三一《職官一三‧王府官》、《舊唐書》四四《職官志‧王府官》略同）云：

> 親王府：
>
> 録事參軍事一人，從六品上。
>
> 録事一人，從九品下。
>
> 録事參軍①掌付事勾稽，省署抄目。

---

① 編者注："録事參軍"後似當補"事"字。

録事掌受事發辰，兼勾稽失。

親王國：

丞一人，從九品下。

國丞掌付事勾稽，省署抄目，監印，給紙筆事。

以上所述爲內官官府中的勾官及其勾檢職能。門下省、中書省及東宮官中的左、右春坊不設置勾官。公主府無勾官記載，可能是脱略。以下論述外官官府的勾官。

（二）外官官府中的勾官及其職能

京兆河南太原三府、大都護府上都護府、大都督府中都督府下都督府、上州中州下州都有行使勾檢職能的參軍。

《唐六典》三〇《地方官》(《舊唐書》四四《職官志》、《新唐書》四九下《百官志下》略同)：

京兆、河南、太原三府：

司録參軍事二人，正七品上。

大都護府：

録事參軍事一人，正七品上。

上都護府：

録事參軍事一人，正七品下。

大都督府：

録事參軍事二人，正七品上。

中都督府：

録事參軍事一人，正七品下。

下都督府：

録事參軍事一人，從七品上。

上州：

録事參軍事一人,從七品上。

中州：

録事參軍事一人,正八品上。

下州：

録事參軍事一人,從八品上。

司録、録事參軍掌付事勾稽,省署抄目,糺正非違。監守符印。若列曹事有異同,得以聞奏(《通典》三三《職官一五·總論郡佐》"司録參軍"條"糺正"作"糾彈部内")。

録事參軍所在的録事司,唐人稱爲糾曹,與勾曹或勾司義同。如《太平廣記》四九三《雜録一》"李詳"條(出《御史臺記》)略云：

李詳字審己,趙郡人。……解褐鹽亭尉。詳在鹽亭,因考,爲録事參軍所擠。詳謂刺史曰："録事恃糺曹之權,當要害之地,爲其妄褒貶耳。若使詳秉筆,亦有其詞。"刺史曰："公試論録事考狀。"遂授筆。詳即書録事考曰："怯斷大按,好勾小稽,自隱不清,言他總濁,階前兩兢,鬪困方休。獄裏囚徒,非赦不出。"天下以爲談笑之最焉。

勾稽乃勾官的職責。按《全唐文》三七三陳章甫《亳州糾曹廳壁記》略云：

《漢官儀》,郡主簿秩四百石。綱紀一郡,糾整不法。岳牧無政,蒼生有瘼,則天子責我。汙吏侵人,姦聲載路,則使臣責我。吏不述職,曹有留事,則二千石責我。役奪人時,官有虐典,則黎元怨我。由此觀之,録事參軍,待責之府也。所以天官署吏,獨難其人,觸邪外臺,禮隆其秩。

這篇資料中的"吏不述職,曹有留事,則二千石責我",反映了録事參軍的勾官職能。但"糾整不法"以及"汙吏侵人,姦聲載路,則使臣責我",則反映了録事參軍的監察職能。因而下文纔有"觸邪外臺"之語。太和三年劉寬夫著《汴州糾曹廳官廳壁記》(見《全唐文》七四〇)云:"郡府之有録事參軍,猶文昌之有左右轄,南臺之有大夫中丞也";"調補斯任者,但疊跡斂手,以脱禍爲心,何有意於勾稽,而敢思其職業者哉",也正説明了録事參軍的勾檢職能和監察職能。糾曹所以"當要害之地",正因爲録事參軍這兩種職能集於一身。監察系統不在本書論述的範圍内,附此略爲説明。

萬年、長安、河南、洛陽、奉先、太原、晉陽七縣:

主簿二人,從七品上(《舊唐志》作"從八品上")。

録事二人,從九品下。

京兆、河南、太原諸縣:

主簿一人,正九品上。

録事二人。

諸州上縣:

主簿一人,正九品下。

録事二人。

諸州中縣:

主簿一人,從九品上。

録事一人。

諸州中下縣:

主簿一人,從九品上。

録事一人。

諸州下縣:

主簿一人,從九品上。

録事一人。

主簿掌付事勾稽,省署抄目,糺正非違,監印,給紙筆,雜用之事。(《通典》三三《職官一五·總論縣佐》同)

録事掌受事發辰,檢勾稽失。

上鎮:

録事一人。

倉曹參軍事一人,從八品下。

中鎮:

録事一人。

下鎮:

録事一人。

録事掌受事勾稽。

倉曹掌儀式倉庫,飲膳醫藥,付事勾稽,省署抄目,監印,給紙筆,市易公廨之事。

上關:

丞二人,從九品上(《舊唐志》作"正九品下")。

録事一人。

中關:

丞一人,從九品下。

録事一人。

丞掌付事勾稽,監印,省署抄目,通判關事。

録事掌受事發辰,勾檢稽失。

總括上引史料,各級勾官的官稱如下:

尚書都省及尚書省六部的勾官是左右丞,左右司郎中、員外郎,都事。

秘書省的勾官是主事。

殿中省的勾官是殿中丞和主事。

内侍省的勾官是主事、司記、典記、掌記。

御史臺的勾官是主簿,九寺五監的勾官是主簿和録事。(《舊唐志》《新唐志》都載都水監有録事,但無勾檢職能)

十六衛六軍的勾官是録事參軍。

左右神策軍的勾官是判官和勾覆官。

折衝府的勾官是兵曹參軍。

東宮太子詹事府的勾官是主簿和録事。家令寺、率更寺、僕寺的勾官是主簿。

東宮太子十率府的勾官是録事參軍,左右衛率府、左右司禦率府、左右清道率府之下的親、勳、翊衛三府的勾官是兵曹參軍。

諸王國的親王府的勾官是録事參軍,親王國的勾官是國丞。

京兆、河南、太原三府的勾官是司録參軍。

都護府、都督府及州的勾官是録事參軍。

縣的勾官是主簿和録事。

上鎮的勾官是録事和倉曹參軍,中、下鎮的勾官是録事。

上關、中關的勾官是丞和録事。

根據以上全部史料及考釋,除門下省、中書省、太子左春坊、太子右春坊,全部内外上下官府都有勾官,他們的勾檢職能大致相同。門下省、中書省不設勾官,是否因爲它們是中樞決策機構? 太子左春坊的長官左庶子職擬侍中,因此左春坊在東宮的地位有如門下省;太子右春坊的長官右庶子職擬中書令,因此右春坊在東宮的地位有如中書省。是否由於這種情況,太子左右春坊也不設勾官? 這一問題有待進一步研究。

以下進一步分析全部勾官的情況：

1. 勾官的品秩：

四品：二人；

五品：四人；

六品：五人；

七品、八品：二五六人（據《舊唐書》三八《地理志》，開元二十八年戶部計帳，凡郡府二百二十有八，加京兆、河南、太原三府及大都護府、上都護府、司錄、錄事參軍十四人，以及萬年、長安、河南、洛陽、奉先、太原、晉陽七縣主簿十四人）；

九品：一五七三人（據上引《舊唐志》，開元二十八年，天下有縣千五百七十有三，每縣主簿一人）；

流外三品：一六七三人（據上引《舊唐志》，開元二十八年，天下有縣千五百七十有三，每縣勾官二人，一爲主簿，一爲錄事，共有錄事一五七三人，加天下諸鎮、諸關估計錄事百人，共一六七三人。《通典》四〇《職官二二》開元二十五年《官品令》流外官中無縣錄事，但有關津錄事爲流外三品，今姑以縣錄事亦爲流外三品）。

據以上統計，勾官中的絕大多數是七品、八品、九品，相當多數只是無品的胥吏。

2. 多數勾官掌印。

3. 勾官的職能有四：

（1）受事發辰；

（2）勾檢稽失；

（3）省署抄目；

（4）付事。

4. 勾官及勾檢制的普遍性不僅表現於内外各級官府都設

26

置勾官,還表現於一個官府中的下層機構也同樣設置勾官,如司農寺的下層機構九成宮總監、太府寺的下層機構兩京諸市署、少府監的北都軍器監都設置了勾官。對官府的下屬機構的滲透,是勾檢制普遍性的一個反映。

5.《唐律疏議》卷五《名例律》"諸同職犯公坐者"條略云:

檢、勾之官,同下從之罪。

【疏】議曰:其無檢、勾之官者,雖判官發辰勾稽,若有乖失,自於判處得罪,不入勾檢之坐。

《唐律》中所云"無檢、勾之官"的官府則判官爲勾官,這種現象與上文分析勾檢制在各種官府的存在中可見。左右衞等率府的兵曹參軍,上鎮的倉曹參軍都是判官充當勾官,關則丞即通判官充當,這與機構的重要程度及官員的設置繁簡有關。判官兼勾官,一定程度上反映了勾檢制的複雜性。

二、勾檢是尚書都省兩種主要職能之一,尚書都省是全國行政管理勾檢部門的中央領導機構

這一段分兩部分,一部分論述尚書都省各級官吏的勾檢職能,另一部分論述尚書都省勾檢的具體內容與方法。

(一) 尚書都省各級官吏的勾檢職能

據本書第一部分引録的《唐六典》一《尚書都省》"左右司郎中員外郎"條、《唐會要》五八《尚書省諸司中》"左右丞"條、《新唐書》四六《百官志·尚書省》"左右司郎中員外郎"條,尚書都省自左右丞以下至都事主事、令史、書令史皆爲勾官,兹再補引《唐會要》五八《尚書省諸司中》"左右丞"條如下:

〔貞觀〕十年,治書侍御史劉洎上書曰:臣聞尚書萬機,實爲政本,伏尋此選,授受誠難,是以八座比於文昌,二丞方於輦轄。且宜精簡尚書左右丞及左右郎中,如並得人,自然綱維克舉。

上述史料充分證明尚書左右丞的勾檢職能。左右丞能够"糾舉憲章","正百僚之文法",以及劉洎所説的"二丞方於輦轄"

"自然綱維克舉",就是由於左右丞的勾檢職能。"糾舉憲章"
等等,是左右丞勾檢職能的體現。

尚書左右丞的勾檢職能,到唐代後期,仍大致相同。按
《唐會要》五八"尚書左右丞"條略云:

> 會昌二年十月,左丞孫簡奏,又據右丞是正四品下,
> 吏部侍郎是正四品上。今吏部侍郎在左右丞之下,蓋以
> 右丞官居省轄,職在糾繩,吏部侍郎品秩雖高,猶居其下。
> 推此言之,則左丞品秩既高,又居綱轄之地,户部侍郎雖
> 兼大夫,豈得驟居其上。今京兆河南司録及諸州府録事
> 參軍,皆操紀律,糾正諸曹,與尚書左右丞紀綱六聯略同。

可資證明。以京兆河南司録及諸州府録事參軍等勾官與尚書
左右丞相提並論,因爲都是勾官,都有勾檢職能。"官居省轄,
職在糾繩","綱轄之地",其意皆爲勾檢。"其録事參軍職司糾
舉"(《唐大詔令集》六九《乾元元年南郊赦》),糾舉是勾官的職
責。"糾繩""糾舉",皆勾檢也。

還應説明的是:尚書都省左右丞,不只勾檢直屬於尚書
都省的六部,也勾檢中央其他官府,按《唐會要》四十"臣下守
法"條云:

> 〔貞觀〕十四年,尚書左丞韋悰勾司農木橦七十價,百
> 姓者四十價,奏其乾没。

可見尚書左丞也勾檢司農寺,據此類推,也勾檢京師其他官府。

尚書都省左右司郎中、員外郎的主要職能也是勾檢。按
《唐六典》一《尚書都省》"左右司郎中員外郎"條略云:

> 左右司郎中、員外郎各掌付十有二司之事,以舉正稽
> 違,省署符目,都事監而受焉。

《舊唐書》四三《職官志·尚書都省》"左右丞"條略云:

〔左右司〕郎中各一人,員外郎各一人,掌付諸司之
務,舉稽違,署符目,知宿直,爲丞之貳。以都事受事發
辰,察稽失,監印,給紙筆。以主事令史書令史署覆文案,
出符目。

根據上引史料,左右司郎中、員外郎的主要職能爲勾檢,制度
規定明確,無庸多論。值得注意的是,都事也"察稽失",主事
令史書令史"署覆文案"。"署",署名也;"覆",審核也。都事
從七品上,主事從九品上,令史書令史無品,這些尚書都省低
級小官以及無品胥吏也都持有勾檢權。

《舊唐書》四三《職官志》"尚書都省"條(《新唐書》四六《百
官志》"尚書省"條同)略云:

左右僕射各一員,御史糾劾不當,兼得彈之。

據此,左右僕射也有勾官的職能,同時也是監察職能。他們所
勾檢的不是一般行政管理事務,而是監察系統的官員。就這
一點來説,他們糾劾御史是高一級的勾檢行爲。左右丞的職
能也是如此。

總括以上全部論述,尚書都省的官吏全部都有勾檢職能,
從尚書省長官右僕射,以下的左右丞、左右司郎中員外郎,到
都事、主事、令史、書令史,都有勾檢職能。因此,我們可以得
出這樣的結論:尚書都省的主要職能之一是勾檢,尚書都省
是最高的中央勾檢機構。

尚書都省的勾檢職能,也表現在下列《公式令》中:

敦煌唐《公式令》殘卷(伯二八一九)略云:

1　符式

2　尚書省　　　爲某事

3　某寺主者云云,案主姓名,符到奉行。

4	主事姓名
5	吏部郎中具官封名。都省左右司郎中一人署。令史姓名。

· (紙縫)

6	書令史姓名
7	年月日
8	右尚書省下符式。凡應爲解向上者,上官(官)向
9	下皆爲符。首判之官,署位准郎中。其出符
10	者,皆須案成并案(興按:日本《令集解》引唐令無此"案"字)送都省檢勾。若事當計會者,仍別
11	録會目,與符俱送都省。其餘公文及内外諸司應出文書
12	者,皆准此。

根據這一《公式令》,所有的公文和内外官府應出的文書,都必須經過尚書都省的勾檢,然後才能發出。這不僅是發文的手續問題,而是封建國家的行政管理重要措施。這是唐統治者通過尚書都省對封建國家進行管理的重要制度。我們一定要從行政管理的高度來認識以尚書都省爲領導機構的勾檢系統。

(二)尚書都省勾檢的内容和方法

尚書都省勾檢什麽? 勾檢的範圍、方法如何? 以下依次論述。

《唐會要》五八《尚書省諸司中》"左右司郎中"條略云:

貞元五年正月,左司郎中嚴況奏:按《公式令》,應受事，據文案大小，道路遠近，皆有程期，如或稽違，日短少差，加罪。今請程式，常務計違一月以上，要務違十五日以上不報，按典請決二十，判官請奪見給一季料錢，便牒戶部收管。符牒再下猶不報，常務通計違五十日以上，要務通計違二十五日以上，按典請決四十，判官奪料外，仍牒考功與下考。如符牒至三度，固違不報，常務通計違八十日以上，要務通計違四十日以上，按典請決六十，判官仍請吏部用闕。長官及勾官既三度不存勾當，五品以上，請牒上中書門下殿罰，六品以下，亦請牒吏部用闕。從之。

上引史料所記述的，是對稽違文案的當事官吏的處罰，我們所着重的是對長官及勾官的處罰。唐代勾官的職能是"受事發辰、付事、勾檢稽失，省署抄目"，長官是最高的負責者。本文第一部分對"報"有所考證，所謂"報"，即"付"並加處理，是將文案交與行判之人處理的程序，"報"是勾官的職能之一，一度二度三度文案稽違時間不報，每一度，勾官都應負責付事，職責所在，不容玩忽。三度失職，所以長官和勾官要受到"殿罰"或"用闕"的較重的處分。

嚴況的請奏，所處理的是勾官稽違不報的問題，對於稽違文案和辦錯文案的處罰，《唐律》及《律疏》都有規定。按《唐律疏議》五《名例律》"諸同職犯公坐者"條略云：

檢勾之官，同下從之罪。

同上書"諸公事失錯"條略云：

【疏】議曰：應連坐者，長官以下，主典以上及檢、勾官在案同判署者，一人覺舉，餘並得原。其檢、勾之官舉稽及事涉私者，曹司依法得罪。雖是公坐，情無私曲，檢勾之官雖舉，彼此並無罪責。

其官文書稽程應連坐者,一人自覺舉,餘人亦原之,主典不免;若主典自舉,並減二等。

問曰:公坐相連,節級得罪,一人覺舉,餘亦原之,稽案既是公罪,勾官亦合連坐,勾檢之官舉訖,餘官何故得罪?

答曰:公坐失錯,事可追改,一人覺舉,餘亦原之。

至於行事稽留,不同失錯之例,勾官糾出,故不免科。文案稽違與錯辦,勾檢之官應檢勾舉出,否則,連坐得罪,同下從之罪。其中,對稽案的處理比對錯案的處理較重,反映了封建國家對行政效率的重視。

文案或簡稱案,即各級官府每日處理問題按程式記錄的文件。這樣的官文書是上級與下級以及同級之間互相溝通互相聯繫的工具,是封建國家機器借以運轉的工具,是全國性的行政管理大事。嚴況以尚書都省左司郎中的身份提出文案稽違的處分方法,這是他的職權所在。尚書都省勾檢全國各級官文書(亦即文案)的處理以及傳遞情況,其依據是《公式令》和有關的《律》及《律疏》。勾檢官勾檢文書當然同時也勾檢與文書有關的從長官到主典的四等官。上引《律》及《律疏》所說的"長官以下,主典以上"正是此意。這是無庸贅述的。

上文已引敦煌所出唐《公式令》,又按日本三浦周行共瀧川政次郎編定本《令集解釋義》卷卅二《公式令・符式》引唐令云:

唐令符式云:尚書省下諸寺出符者,皆須案成,並送都省檢勾。假有百姓訴事,始(如)經都省受時刑部,刑部勘了。應下外州者,符並勘案送都省,檢本案勾前付刑部之案耳。

日本《令集解》引唐令片斷,並加釋義,對我們理解唐令很有用處,故附此引録。據上引敦煌出唐《公式令・符式》,凡行政事務官府一如尚書六部、九寺、五監、十二衛等等一下符,其文案皆必須送尚書都省勾檢,如果事須計會,還要送會目。這一點與上文引《唐會要》貞元五年嚴況奏疏所説的完全一致。尚書都省勾檢什麽? 勾檢這些文案的稽失,同時也勾檢與這些文案有關的官吏。這是尚書都省勾檢的內容之一。關於此點,還可舉出下列史料:

《唐會要》五八《尚書省諸司中》"左右司員外郎"條云:

> 〔開元〕五年四月九日勑,尚書省天下政本,仍令有司各言職事。吏部員外郎褚璆等十人,案牘稽滯,璆稽四道,户部員外郎吕太一四道、刑部員外郎崔廷玉二道,兵部員外郎李廷言、刑部員外郎張悟、倉部員外郎何鸞、祠部郎中孔立官、刑部郎中楊孚、虞部郎中田再思各一道,虞部員外郎崔賞三道。且六官分事,四方取則,尚書郎皆是妙選,須稱職司,焉可尸禄悠悠,曾無斷決。昨者試令詢問,遂有如此稽遲,動即經年,是何道理。至如行判程期,素標令式,自今後,各置懲革。

這條勑文所説的"行判程期,素標令式"的令式,即唐《公式令》及有關制度規定。兹引録唐《公式令》如下:

《唐六典》一《尚書都省》"左右司郎中員外郎"條略云:

> 凡內外百司所受之事,皆印其發日,爲之程限。一日受,二日報。其事速及送囚徒,隨至即付。小事五日,謂不須檢覆者。中事十日,謂須檢覆前案及有所勘問者。大事二十日,謂計算大簿帳及須諮詢者。獄案三十日,謂徒已上辨定須斷結者。其急務者不與焉。小事判勾經三人已下者給一日,

四人已上給二日。中事每經一人給二日,大事各加一日。內外諸司咸率此。若有事速及限內可了者,不在此例。其文書受付日及訊囚徒,並不在程限。

　　凡尚書省施行制敕,案成,則給近衞本注:《舊唐志》"給"下有"程"字。以鈔之。通計符、移、關、牒二百紙已下限二日,過此以往,每二百紙已上加二日。所加多者不得過五日。若軍務急速者,不出其日。若諸州計奏達于京師,量事之大小與多少以爲之節。二十條以上二日,倍之三日,又倍之四日,又倍之五日。雖多,不是過焉。

　　凡制駁施行,近衞本注:《舊唐志》無"制駁施行"四字。京師諸司有符、移、關、牒下諸州者,必由都省以遣之。若在京差使者,令使人於都省受道次符、牒,然後發遣。若諸方使人欲還,亦令所由司先報尚書省,所有符、牒,並令受送。

　　凡文案既成,勾司行朱訖,皆書其上端,記年月日,納諸庫。

　　凡施行公文應印者,監印之官,考其事目,無或差繆,然後印之,必書於歷,每月終納諸庫。其印,每至夜,在京諸司付直官掌。在外者,送當處長官掌。

從《公式令》的內容可以看出,它與勾官的勾檢職能——勾檢稽失密切相關。《公式令》規定官吏辦事的時限,也就是官吏辦事的速度和效率。勾官勾檢的"稽",就是以《公式令》爲依據。全部官府都在辦事,這是封建國家機器運轉的標誌。封建國家規定了官吏辦事的時限,使行政管理成爲有效率的,而且是較高效率的。這是制定《公式令》的主要目的,也是勾官勾檢"稽"的主要目的。

　　開元五年敕系于尚書都省左右司員外郎之下,可見"昨者試令詢問"因而檢舉出稽遲者是尚書都省左右司員外郎。這條史料雖以制勅形式出現,其内容却是左右司員外郎檢勾的結果。據此,以唐《公式令》及有關制度爲依據,勾檢諸司案牘是尚書都省勾檢的一個内容,其實質是封建國家的行政管理。

尚書都省勾檢諸官府文案,即官文書檔案,還包括下列事務。兹先徵引史料如下:

《舊唐書》四三《職官志·尚書都省》"左右司郎中員外郎"條(《唐六典》一《尚書都省》"左右司郎中員外郎"條同,但有錯字)云:

> 凡天下制勅計奏之數,省符宣告之節,率以歲終爲斷。京師諸司,皆以四月一日納於都省。其天下諸州則本司推校,以授勾官,勾官審之,連署封印,附計帳使納於都省。常以六月一日,都事集諸司令史對覆,若有隱漏不同,皆附於考課焉。

這條史料所説的有以下六點:

(一)尚書都省每年都要檢勾京師諸司及諸州前一年的"制勅計奏之數,省符宣告之節"。

(二)京師諸司要把前一年的上述各種官文書在每年四月一日送交尚書都省勾檢。

(三)諸州前一年的上述各種官文書,首先由本司推校,再由州勾官覆審,然後附計帳使上交尚書都省。按《唐六典》三"户部郎中員外郎"條(《舊唐書》四三"户部郎中員外郎"條同)略云:

> 凡天下朝集使,皆以十月二十五日至於京都。

據此,諸州的前一年的各種官文書,要在每年十月二十五日納於尚書都省。

（四）每年六月一日,"都事集諸司令史對覆","諸司"當是京師諸司,都事與京師諸司令史對覆京師諸司納於都省的前一年的各種官文書。這裏没有説到諸州所納的官文書,可能由於在本州本司已一再檢勾,不必再覆校,也可能只是由尚書都省的都事自己覆校,史籍記事有所簡略。

（五）覆校"隱漏不同"。

（六）對"隱漏不同"負有責任的官員,要在考課上受到處理。

《舊唐書·職官志》的上述記述,既説明尚書都省勾檢的内容,也説明勾檢的方法,這是一條很重要的史料,但有些記述的意思不够明確,如諸州納於尚書都省的各種官文書,是否也要由都事覆校?"隱漏不同"的"不同"指的是什麽? 爲此,抄録下列史料,以資參考:

日本《令集解釋義》卷卅三《公式令》略云:

諸國應官會式

其國

合詔勅若干

合官符若干

> 右被官其年月日符下,追徵科造等事。其符,其月日到國,依符送其處訖,獲其位姓名其月日返抄。受納之司,亦依見領數爲會。若兩國自相付領者,亦准此爲會,送官對勘。

諸司應官會式

其省

合詔勅若干

合官符若干

右被官其年月日符令納。其月日得其國解送，依數納訖。

以前應會之事，以七月三十日以前爲斷。十二月上旬勘了。被管諸司，皆於所管勘校。自餘諸司，各本司勘審，並無漏。然後長官押署，封送太政官。國司亦准此。附朝集使送太政官。分遣少辨及史等，總集諸司主典，及朝集使對勘。若有詐僞隱漏不同者，隨狀推逐。其脫漏應附考者，以五分論，每漏一分，降考一等。所管通計被管爲考。辨官條録，送式部附唱。其應會之外，公文須相報答者，在京諸司，過一月不報，諸國計程外，過一季不報，每年朝集使來日，並録送省，對唱附考。

日本《養老令》是仿效唐令而製作的，當然兩者有不同處，但其中相類似之處，對於理解唐令是有用的。

上引日本《養老令》全文與前文所引《舊唐志》及《唐六典》所載唐開元七年《公式令》全文，兩者相對比，其基本涵義是大致相同的。首先，日本令的"諸國諸司"相當於唐令的"天下諸州及京師諸司"，日本令的"詔勅官符"相當於唐令的"制勅計奏省符"，日本令的"以前應會之事，以七月三十日以前爲斷，十二月上旬勘了"，相當於唐令的"率以歲終爲斷""常以六月一日，都司集諸司令史對覆"。兩者的基本內容都是總計校比過去一段時間內的官文書，兩者都是整理審查過去一段時間內官文書的制度。確定此點之後，我們可以推測出唐令中疑問或疑難點的解答。唐令"若有隱漏不同"，"不同"指的是什麼？日本令"若有詐僞隱漏不同者"，"不同"指的是兩種情況：一爲"詐僞"，"詐僞"即與原出發的真實的官文書不同。二爲

"隱漏"，由於隱漏，與原發出的官文書數目不同了。唐《公式令》不可能只規定勾檢已發的官文書的"隱漏"，而不勾檢"詐偽"，"詐偽"是比"隱漏"更嚴重的錯誤。關於地方送納中央的官文書，日本令規定："分遣少辨及史等，總集諸司主典及朝集使對勘"，唐令缺少都事與朝集使對勘覆校這一規定。京都諸司納於尚書都省的官文書要由尚書都省的都事集諸司令史對覆，如此謹嚴周密，怎麼可能對地方納送尚書都省的官文書不加覆校、放任了事呢？這是不可能的。我懷疑，現存敦煌出唐《公式令》，抄寫時有脫漏。當然，這只是懷疑與推測。

　　以上一段論述了尚書都省勾檢的另一方面的內容與方法。

　　總結以上全部論述：勾檢全國各級行政管理官府的官文書（同時也勾檢與文書有關的各級官吏）是尚書都省的主要職能之一，這又可分爲兩種情況：一爲內外諸司應出文書皆須送尚書都省勾檢，其稽失者的負責官吏要受到行政處分甚至刑事處罰。二爲全國內外諸司的已處理完畢的官文書（亦即檔案）必須送納尚書都省覆校。其方法是：京師諸司每年四月一日送納，尚書都省的都事集諸司令史對校；諸州府每年十月二十五日送納，可能是尚書都事與朝集使對校。

39

三、尚書都省勾檢系統的下級官吏
——京師諸司勾官與諸州府勾官，勾檢制實行的例證

　　唐代勾檢制兩個系統，其中央領導機構是兩個，但其下級機構則是一個，即京師諸司的勾官與地方諸府州的勾官。

　　關於京師諸司勾官與諸府州勾官，前文已詳細論述，這一大批內外勾官的職權是：受事發辰、付事、勾檢稽失，省署抄目，監印。"稽"，滯緩也，即沒有按照《公式令》規定的程期辦事處理文案，拖延了時間。"失"，誤也，即辦事、處理文案違背了封建國家的有關的令格式。

　　這樣的勾檢制是否實行了呢？我的回答是肯定的。茲舉出下列敦煌吐魯番文書以爲例證。

　　《唐顯慶四年(659)案卷殘牘尾》(60TAM325：14/7—1、14/7—2，《吐魯番出土文書》第六冊)：

　　　　(前缺)

1　　　　顯慶四年閏十月十三日
2　　　　　　府
3　　　　　　史玄信
4　　　　閏十月九日受，十一日行判無圏

```
5          録事麴(武)□檢無圈失
```

這是一件縣司文書，録事麴武□爲勾官。

《唐貞觀十七年(643)符爲娶妻妾事》(二)〔72TAM209：91(a)，《吐魯番出土文書》第七册〕，興按：此文書共六件，玆迻録一件。

　　（前缺）

```
1          ┌──┐十七年閏六月┌──┐
2          ┌──┐     府    └──┘
3    户曹參軍實心
4                     史
5          閏六月六日受符，其月廿五┌──┐
................................................
6              録事張文備檢無□□
```

　　（後缺）

這是一件西州或安西都護府下給高昌縣的符，録事張文備爲縣勾官。六行末二字應填"稽失"。

《唐景龍三年(709)十二月至景龍四年(710)正月西州高昌縣處分田畝案卷》(這一案卷由多件吐魯番文書綴合而成，見《吐魯番出土文書》第七册)。玆迻録與勾檢制有關的兩段如下：

　　（前缺）

```
1                 檢 晏 ┌──┐
2    麴孝逸口分常田一段二畝，城東卌里，東熹，西康熹，
     南渠，┌──┐
```

3　　一段一畝常田城東廿里,東索熹,西左師,南渠,北
　　　　還⊠。

4　　　　古依檢案內十月三日得柳中縣牒,□□□□

5　　□□□□於此縣給得上件地。其地□□□□

6　　惡□⊠沙鹵,不生苗子,請退并□□□

7　　□□□□⊠狀⊠□⊠人檢得鞏敬日

8　　□□□□□□件人口分地去城⊠

9　　遠,運□□□□渠堰高仰薄惡有

10　　實者。地既不堪佃種,任退。仍牒高昌

11　　縣准式,牒至准狀者。

12　　牒件檢如前,謹牒。

13　　　　　　　　十二月　日佐趙信⊠

・・・・・・・・・・・・・・・・・・・・・・・・・・・・・・・・・・・・・〔一〕

14　　　　下　鄉　諮　晏　示

15　　　　　　　　十五日

16　　　　依　判　　虔⊠　⊠

17　　　　　□⊠□

(中殘)

18　　　　　十二月十五日受即日□□

19　　　　錄事　　　檢無稽失

20　　　　丞判主簿自判

21　下鄉爲麴孝逸口分除附事

122　大女竹麩□□□□□□城東廿里東白永豐西張米仁南韓
　　　蒲桃北渠

123　　□□□□□□□蒙給上件地充

124　　□□□□□□□□　⊠　□。

42

（中缺）

125 　　　　　　　　　　　□廿一日行判

126 　　　　　　　　　□檢無稽失

127 　　　　　　　丞判主簿自判

128 　下寧昌鄉爲追張□□□□

原編者注釋

　　〔一〕黏接縫處背部押“晏”字。

這是高昌縣處分田畝案卷的兩段，前一段有“録事　檢無稽失”一句，“録事”下無姓名。按文書載有“趙守”和“趙□”數處，不知何以此處未寫録事姓名。後一段“檢無稽失”上所缺字應是録事及其姓名。

《武則天長安三年（703）三月括逃使牒并敦煌縣牒》（大谷二八三五，《大谷文書集成》一），茲迻録文書末尾一段如下：

34 　牒上括逃御史，件狀如前。今以狀牒，牒至准

35 　狀，謹牒。

36 　牒上涼、甘、肅、瓜等州，件狀如前。今以狀牒，

37 　牒至准狀。謹牒。

38 　　　　　長安三年三月十六日

39 　　　　　　　　佐

40 　尉

41 　　　　　　　　　史氾藝

42 　　　三月十六日受牒，即日行判無稽

43 　　　録事　檢無稽失

44 　　　尉攝主簿自判。

43

45　牒，爲括逃使牒，請牒上御史，并牒涼、甘、肅、瓜等
　　州事。

46　　　　　　　　　　　　　　　　"乙"

第四十三行的録事，即敦煌縣勾官。

《武則天長安三年(703)三月録事董文徹牒》(大谷二八三
六，《大谷文書集成》一)，兹迻録牒尾一段如下：

26　下十一鄉，件狀如前。今以狀下鄉，宜准

27　狀。符到奉行。

28　　　　　　長安三年三月二日

29　　　　　　　　佐

30　尉

31　　　　　　　　史氾藝

32　　　　三月一日受牒，二日行判無稽。

33　　　　録事張　　檢無稽失

34　　　　尉攝主簿自判

35　牒，爲録事董徹牒，勸課百姓營田判下鄉事。

36　　　　　　　　　　　　　　　　"乙"

上引兩件文書末尾部分，"檢無稽失"的録事應是同一人。
但可注意的是，後一文書載兩個録事，即録事董文徹和録事
張。據唐官制，縣録事只一人。文書與史籍不符合，不知
何故？

《唐開元二十一年(733)正月福州唐益謙請過所牒》《甘州
薛光泚請改給過所牒》等(TAM500 號墓出土 81412，《文物》
1975 年 7 期)，兹迻録文書末部一段如下：

51　福州甘州件狀如前，　此准給者，依勘(?)□

52　　　康太太

53　牒件狀如前。牒至准狀，故牒。

54　　　　　　開元廿一年正月十四日

55　　　　　　　　　府　謝忠

56　户曹參軍元

57　　　　　　　　　　史

58　　　　　正月十三日受　十四日行判

59　　　　　録事元賓檢無稽失

60　　　　　倉曹攝録事參軍□勾訖

61　給前長史唐循忠縢福州已來過所事。

62　給薛泚丹州已來過所事。

63　給康太太爲往輪臺事。

《唐開元二十一年(733)正月二日北庭蔣化明辯及判案》(TAM509 號墓出土，文物一九七五年七期)，兹迻録下列十行：

15　　蔣化明

16　牒件狀如前，牒至准狀，故牒。

17　　　　　　開元廿一年二月五日

18　　　　　　　　府謝忠

19　户曹參軍元

20　　　　　　　　　　史

21　　　　　正月廿九日受。二月五日判。

22　　　　　録事元賓檢無稽失。

23　　　　　功曹攝録事參軍思勾訖。

24　牒蔣化明爲往北庭給行牒事。

45

這兩件文書載録事檢，又載録事參軍勾，完整地體現了勾檢制。

《唐下西州柳中縣殘文書爲勘達匪驛驛丁差行事》[73TAM517：05/4(a)《吐魯番出土文書》第四册]云：

（前缺）

1　史
2　十一月二十七日受十二月十一日行判
3　　　録事張達檢無稽失
4　　　録事參軍善順勾訖
5　下柳中縣勘達匪驛驛丁差個（事？）

（後缺）

興按：此文書標題似應作"唐西州下柳中縣殘文書爲勘達匪驛驛丁差行事"，録事張達及録事參軍順善乃西州勾官。

《唐開元廿六年官府文書斷片》（大谷一〇二七,《大谷文書集成》壹）

（前缺）

1　開元廿六年六月□
2　　　　　　佐
3　尉景
4　　　　□元
5　　五月廿三日受　六月五日行判
6　　録事　檢無稽失

（後缺）

以上引録十件官府文書是勾官進行勾檢的具體記録。這

46

些文書的年代上自貞觀下迄開元,它説明勾檢制是實行了的。第一件文書(按引文順序)記載:"閏十月九日受,十一日行判無稽",處理案件只用三天。第二件文書記載:"閏六月六日受符,其月廿五□□"(興按:所缺字應填"行判"或"行判無稽"),處理案件用了十九天。按此件文書前原編者説明云:

> 本件紀年已缺,唐初紀年至十七年而又閏六月者唯有貞觀,今定爲貞觀十七年。背面騎縫有押字"宏"。此件與下件疑爲同一案卷。

按下件爲《唐貞觀年間西州高昌縣勘問梁延臺、雷隴貴婚娶糾紛案卷》,案情相當複雜,有問有辯,故用時較多。

第三件記載:"十二月五日受,即日□□"(興按:所缺二字應填"行判"),處理案件只用了一天。第四件記載:"□□廿一日行判",因受文時間缺、處理案件所用時間不詳。第五件文書記載:"三月十六日受牒,即日行判無稽",處理案件只用了一天。第六件文書記載:"三月一日受牒,二日行判無稽",處理案件只用了兩天。第七件文書記載:"正月十三日受,十四日行判",處理案件只用了兩天。第八件文書記載:"正月廿九日受,二月五日判",處理案件用了七天。這案件比較複雜,要查證,需用時間較多。第九件文書記載:"十一月二十七日受,十二月十一日行判",處理案件用了十五天,用時較多。第十件文書記載:"五月廿三日受,六月五日行判",處理案件用了十三天。總之,上列十件案件,一天處理完畢的兩件,兩天處理完畢的兩件,三天處理完畢的一件,七天處理完畢的一件,十三天處理完畢的一件,十五天處理完畢的一件,十九天處理完畢的一件,一件用時不詳。用一天或兩天或三天或七天處理完畢一件案件,應該説,辦事速度很快,效率很高，十幾天處理完畢一件較複雜的案件，辦事效率也是高的。

據上列十件文書，某日受某日行判、録事勾檢稽失、録事參軍勾訖，這三者構成對每個官府都適用的勾檢制。勾檢制是行政管理制度的核心。對封建國家來説，行政管理是頭等大事。唐代，特別是唐代前期，我國是當時世界上最富强的國家之一，文治武功卓著，經濟繁榮，文物昌盛，以勾檢制爲核心的高效率的行政管理制度是造成上述情況最重要條件之一。我們應以我們的先民創造出這樣的行政管理制度而自豪。

勾官的另一個主要職能爲"省署抄目"，何謂"抄目"？ 按日本《令集解釋義》卷二《職員令·神祇官》"大史一人掌受事上鈔"注略云：

> 釋云：《唐令私記》云：都省令史受來牒而付本頭令史，付訖作鈔目，謂之上鈔。其樣如左也。太常寺牒爲請差巡陵使事，右一通，十九日付吏部令史王庭。

"抄目"的涵義如此。"抄"即"鈔"。唐代文獻中也有關於"抄目"的解釋(上文已引録)，敦煌文書中還有抄目的實例，兹論述如下：

我認爲斯二七○三₂敦煌文書就是一種抄目。按《敦煌遺書總目索引》二《斯坦因劫經録》云：

> 2703₂　唐令擬
>
> 説明：共有令文約廿餘條，内容爲改官和糴等事，多有朱(?)筆批語和朱筆畫押。

《斯坦因劫經録》的編者爲劉銘恕先生，他在説明中指出"多有朱(?)筆批語和朱筆畫押"，使我受到啓發，使我聯繫到"勾司行朱"(見《唐六典》一)以及朱書勾檢字句、朱色勾檢標記等，總之，銘恕先生的啓發使我聯繫到勾官的勾檢行爲，因而認識到斯二七〇三_ 文書是勾官勾檢過的抄目。茲列文書録文如下：

（前缺）

1　　　廿四日判□□□□

2　　度支勾覆所牒爲同前事

3　　如同前判

4　　監河西和糴使牒爲諸色贓贖勘報事

5　　其日判牒監和糴使訖史張賓行

6　　勅東京北衙右屯營使牒爲果毅李延言遠程不到事

7　　廿四日判牒上東京右屯營使訖史宋光

8　　勅河西節度使牒爲軍郡長官已下不須赴使事

9　　其日判牒軍并牓門訖史張光

10　　右壹拾肆道直典宋思楚

11廿六日

12尚書省兵部符奉　勅爲果毅李臘兒等改授官事

13　　一爲折衝劉敬忠改官事

14　　一爲折衝趙任(?)朗等改授官事

15　　一爲折衝劉神力改官事

16尚書省　部符奉　旨爲鎮副儀庭俊改官事

17　　一爲鎮將黨仁愛等改授官事

18　　一爲別將馮晏改官事

19　　一爲鎮將盧神光改官事

20　　一爲別將劉祁陁等改授官事

21　　一爲鎮副鄧子騫改官事

22　　一爲果毅王令詮改官事

23　　一爲果毅教論啜等改官事

49

24 　　一爲鎮將吕懷珍改官事

25 　　一爲別將叨護(?)蘇改官事

26 　　一爲別將王仲由改官事

27 　　一爲別將常耀卿改官事

28 　　一爲果毅孫奴奴等改官事

29 　　一爲鎮副石羯楔等改官事

30 　　一爲鎮將任亮改官事

31 　　一爲別將柴无(?)義改官事

32 兵部符奉　制爲折衝張法嵩改官事

33 　　一爲折衝張謙光改官事

34 　　　**已上貳拾貳道其日□□牒并判□□□□訖史宋光**

35 户部符奉　勅爲諸公王及内外文武官等先有令(?)史(?)在人家

36 　　　**其日判下郡□□□□**

37 　　右貳拾圍道□□□□

（此文書多數行端都有朱筆勾勒，下端有勾官朱筆簽署，從略。）

關於這件文書的年代和所在地區，可據文書第八行的記述來推定。這一行有"軍郡長官"四字，我認爲，"軍"指豆盧軍，"郡"指敦煌郡，因這一文書藏於敦煌郡敦煌縣莫高窟藏經洞，應該是本地區的官府文書，即敦煌郡的官府文書。又按《通鑑》二一五《唐玄宗天寶元年》略云：

　　　河西節度統赤水、大斗、建康、寧寇、玉門、墨離、豆盧、新泉八軍。豆盧軍在沙州城内，管兵四千三百人。

豆盧軍屬於河西節度使，又在沙州城内，亦即敦煌郡城内，故河西節度使下牒於豆盧軍和敦煌郡，要豆盧軍和敦煌郡的長官已下不須赴使，簡言之爲"勅河西節度使牒爲軍郡長官已下不須赴使事"。又按《舊唐書》四〇《地理志·隴右道》云：

> 沙州下，天寶元年(742)改爲敦煌郡，乾元元年(758)復爲沙州。

據此，沙州稱爲敦煌郡的時間爲從天寶元年到乾元元年的十六年間，這一敦煌卷子應是這十六年間的官府文書。

從文書的内容看，都是敦煌郡和豆盧軍收受公文的目録，多數是從上級官府來的，如河西和糴使牒、河西節度使牒、尚書省兵部符、尚書省户部符等，而東京北衙右屯營使牒則是平行官府的來文。這正是上引《新唐志》所説的"文簿入出，録爲抄目"，不過這件文書所載只是"入"，即上級官府或平行官府來文的目録，我們可以稱之爲敦煌郡和豆盧軍抄目。

"抄目"這一名稱，唐代以前已有，如《北史》三〇《盧同傳》略云：

> 〔魏〕明帝世，朝政稍稀，人多竊冒軍功。同閲吏部勳書，因加檢覈，得竊階者三百餘人。乃表言：
>
> > 自今叙階之後，名簿具注，加補日月，尚書印記，然後付曹，郎中別作抄目，遞代相付。此制一行，差止姦冐。

此處的"抄目"，在名稱上與唐代同，在内容上亦相類。讀《盧同傳》可知也。

總結以上二、三兩部分的論述，可以提出行政管理系統中勾檢制的特點和它的重要作用。

就以尚書都省爲中央領導機構的行政管理系統而論，其特點有四：

（一）勾檢官吏的普遍存在。

在京師官府中，除中書門下及擬中書門下的太子左右春坊，所有的官府都有勾官，勾檢本官府與行政管理有關的文案和官吏。尚書六部不設勾官，因尚書都省的勾官直接勾檢六部。本書第一部分引宇文化及子孫理資蔭史料，可爲證明。處理資蔭問題是吏部應辦之事，但由尚書都省右丞直接勾檢判處。

地方府州縣的全部官府都有勾官，勾檢本官府與行政管理有關的文案和官吏。

（二）本官府內部勾檢的優越性。

本官府的勾官對本官府行政管理情況最了解、最熟悉，勘覆檢查準確，本官府的上級官員很難弄虛作假。

（三）上級（也是外）下級（也是內）相結合。

（四）勾檢以律令格式爲依據。

本篇第二部分所列舉的吐魯番文書體現了勾檢的制度。按制度辦事，而不是憑勾官個人的賢愚以及能與不能辦事，使勾檢制度有了久經行用的基礎。

在我國封建社會歷史中，舊史所説的吏治即行政管理，唐律中的職制律也就是包括管理官吏在內的行政管理法律。這是關係到封建國家機器能否正常運轉的大事，關係到治國的大事，這是讀史者不應忽視的。

四、財務勾檢系統的中央
領導機構——比部

兩件吐魯番文書：

（一）72TAM230：46(1)文書

這件文書，我國學者許福謙曾有録文（見《敦煌吐魯番文獻研究論集》第二輯載《吐魯番出土的兩份唐代法制文書略釋》），日本學者大津透亦有録文（見《史學雜誌》九五編一二號載《唐律令国家の予算について——儀鳳三年度支奏抄·四年金部旨符試釈》）。兩位學者的録文，有少數字句不同，我的下列録文，以許福謙、大津透的録文爲依據，并參以我自己的意見。

　　（前缺）

1 ─① □ □□□

2 　正義 □□□ □以折 □□□□

3 　破庸調 □□□□

4 ─諸州庸調，先是布鄉兼有絲綿者，有 丁戶 ②

5 　情願輸綿絹絁者，聽。不得官人、州縣公廨典及

6 　富強之家，傚勾代輸

7 ─擬報諸番等物，並依色數送 府 ③。其交州

8　都督府報蓄物，於當府□官物內支□④用，所

9　有破除、見在，每年申度□囷□、□金□部。其安北都

10　護府諸驛賜物於靈州都督府給。單于大

·······················（縫背押"檢"）·····················

11　□都□護府諸賜物於朔州□絤□，並請准往

12　例相知給付，不得□隨便破用□⑤。安北都護府

13　□───□　　　　　　　　□───□色□⑥數於靈州

14　□都督府支給□⑦，□如其不須□⑧，不得浪有請受。

15　□絤□⑨訖，具申比部及金部，比部勾訖，□⑩

16　□───□　　　　□───□

17　□〔一〕□庸調物出□⑪秦、涼二府者，其絹並令練

18　□折□⑫，□送至京□。其州縣官人及親識並公

19　□廨典准□⑬令，並不得僦勾受雇爲□運□

　　（後缺）

注：

①　一行、四行、七行、十七行的開端有"一"，皆據大津透的録文。許福謙的録文沒有。

②　大津透録文作"百姓?"。

③　大津透録文作"納?"。

④　大津透録文作"□坼□□□絤?"。就上下文義來看，應從許福謙録文。

⑤　大津透録文作"□圀?　□□"，應從許福謙録文。

⑥　許福謙録文作"已數"，文義難解，從大津透録文。

⑦　大津透録文作"□□□絤?"，應從許福謙録文。

⑧　許福謙録文作"□如其所須□"，應從大津透録文。

⑨　大津透録文作"□□訖"，應從許福謙録文。

⑩　許福謙録文作"開□"，大津透録文作"開□　　□（金部）"。

⑪　大津透録文作"□　□絤?"，應從許福謙録文。

54

⑫ 大津透録文作"□ 　□囚",據上下文義,應從許福謙録文。

⑬ 大津透録文作"□（依?）令"。

（二）上引大津透氏録文由多件大谷文書拼接綴合。（大津透、榎本淳一文書復原載《東洋史苑》二八號）,文書多行,只逐録有關的三行:

24— □□（諸州）刟申計帳,比□□　□到更下□

25　勘□□□　　　　　　　　　□闕支配□□

26　請每年申帳,絹鄉□（布）鄉□□　　　　□

（三）根據和出處同前,文書多行,只逐録有關的兩行

2　勾會□□　　　　　□

3　申到比部□□　　　□

上引三件文書和其他有關文書,日本學者大津透、榎本淳一綴合拼接,並定其性質爲儀鳳三年度支奏抄、四年金部旨符。兩位日本學者和我國學者許福謙對上述文書考證討論,頗爲詳細,我不擬贅述。因爲我是從不同的角度,即從着眼於勾檢制的角度來使用上述文書的。

屬於尚書省户部的度支曹是唐代主要的中央財務機構,它所管轄的是全國性的財政事務。上引三件文書是儀鳳三年度支奏抄的一部分,已顯示出它的全國性的財務行政的性質。這樣的全國性的財務要由比部勾檢。上引第一件文書明確記載"比部勾檢"。第二件文書記載:"□□（諸州）刟申計帳,比□□　□",從上下文義推測,我認爲"比"字之下應爲"部勾檢訖"四字,全文應是"比部勾檢訖"。第三件文書記載:"申到比部□□　□",此句的前一行爲"勾會"云云,我推測,兩行記載的大意爲,諸州或諸司的財政事務,諸州或諸司自己勾會之

後,申到比部勾檢;或諸州或諸司的財政事務已申到度支、金部勾會,又申到比部勾檢。文書原文字句如何? 不能確定,但大意應如上述。

比部勾檢全國性的財務行政,史籍的記載和上引三件吐魯番文書所顯示的完全一致。關於比部的職能,傳世本《唐六典》所記多有脫漏,《通典》所記簡略,《舊唐書》和《新唐書》所記較詳,但有不同之處。爲了全面瞭解比部的職能,茲引錄《舊唐書》《新唐書》和《通典》的記載如下。《舊唐書》四三《職官志·尚書省·刑部》云:

> 〔比部〕郎中、員外郎之職,掌勾諸司百寮俸料、公廨、贓贖、調斂、徒役、課程、逋懸數物,周知內外之經費而總勾之。(中略)凡京師有別借食本,每季一申省,諸州歲終而申省,比部總勾覆之。凡倉庫、出內、營造、傭市、丁匠、功程、贓贖、賦斂、勳賞、賜與、軍資、器仗、和糴、屯牧(興按,應作收),亦勾覆之。

《新唐書》四六《百官志·尚書省·刑部》云:

> 比部郎中、員外郎各一人,掌勾會內外賦斂、經費、俸祿、公廨、勳賜、贓贖、徒役課程、逋欠之物,及軍資、械器、和糴、屯收所入。京師倉庫三月一比,諸司、諸使、京都四時勾會於尚書省,以後季勾前季。諸州則歲終總勾焉。

《通典》二三《職官五·尚書省·刑部》云:

> 比部郎中一人。(上略)武德中加"中"字。(中略)掌(興按,此下應有"勾"字)內外諸司公廨及公私債負、徒役工程、贓物帳及勾用度物。

據上引三條史料,比部勾檢的範圍極廣,涉及封建國家全部財務行政,特別是《舊志》所說的"周知內外之經費而總勾之",

《新志》所説的"掌勾會内外賦斂經費",更值得注意。

《唐六典》卷十二《内侍省》"内給事"條云:

> 凡官人之衣服費用,則具其品秩,計其多少,春秋二時,宣送中書。

> 若有府藏物所造者,每月終門司以其出入曆爲二簿聞奏,一簿留内,一簿出,付尚書比部勾之。

内侍省的財務問題需上報比部勾檢,可以推測,京師諸司都是如此。《唐六典》此條,是對上文已引《新唐書》"諸司諸使京都四時勾會於尚書省"的實例證明,是比部"周知内外經費而總勾之"的反映。《新唐書》五一《食貨志》云:

> 故事,天下財賦歸左藏,而太府以時上其數,尚書比部覆其出入。

據此可知,制度規定,尚書比部勾檢封建國家全部經費,包括全部收入與支出。按唐代主要財務行政部門爲尚書省户部度支曹,《唐六典》三《尚書省》"户部度支郎中員外郎"條(《舊唐書》四三《職官志・尚書省》"户部度支郎中員外郎"條、《新唐書》四六《百官志・尚書省》"户部度支郎中員外郎"條略同)略云:

> 度支郎中、員外郎,掌支度國用,租賦少多之數,物産豐約之宜,水陸道路之利,每歲計其所出,而支其所用。

《唐會要》五八"户部侍郎"條略云:

> 蘇氏駁曰:故事,度支案,郎中判入,員外郎判出,侍郎總統押案而已。

《新唐書》五一《食貨志》云:

> 又有計帳,具來歲課役以報度支。

綜合上述史料,可知封建國家的全部經費,總的收入與支出都掌握在度支曹。度支關係到全國經濟命脈在於它對收入與支出的計劃分配，比部則是對這些計劃分配的實際執行情況的檢查，是度支計劃的保證。上文引錄的吐魯番出土儀鳳三年度支奏抄中，一而再，再而三地説：比部勾檢。所謂檢就是檢稽失，"稽"指拖延時間，"失"即失誤，檢稽失，就是審查是否按照國家所規定的制度辦事，是否按照國家所規定時限把事辦完。如果二者都符合國家規定，就是"文案既成"，然後"勾司行朱"。"勾司行朱"表示文案的最後完成。如果説，度支曹辦事，既"稽"又"失"，或"稽"或"失"，則勾司不行朱，表示度支曹把事情辦壞了，從長官到主典都要受到處分。本書第一部分曾引錄《唐律疏議》五《名例律》"諸公事失錯"條《律》及《律疏》詳細説明了"稽"，也説明了"失"就是"公事失錯"，不管是"稽"或是"失"，勾官勾檢出來，則"公坐相連，節級得罪"。即從長官到主典各按實際情況得罪。《律》及《律疏》所説的是一般原則，度支曹辦事，以及比部勾檢度支奏抄，當然也要依據《律》及《律疏》。由此可見比部職能的重要，它也關係到封建國家的財政命脈。

又按《文苑英華》三九〇《中書制誥門授比部郎中制》(劉禹錫)云：

> 敕，周以司會質歲成，漢以計相經國用。或考百官之要，或制三年之期，稽以簿書，辨其名物。俾夫會算必得、經費無差，充選望郎，以臨計吏，可。

敕文説得很明確，比部郎中考百官，稽簿書，使封建國家經費的使用得以無差。

比部勾檢封建國家全部經費，還可以舉出下列史料爲證。
《唐會要》八三《租税上》略云：

> 至〔建中元年〕二月十一日起請條請，令黜陟觀察使

及州縣長官,據舊徵税數,及人户土客定等第錢數多少,
爲夏秋兩税,其鰥寡惸獨不支濟者,准制放免。其丁租庸
調,並入兩税,州縣常存丁額,准式申報。其應科斛斗,請
據大歷十四年見佃青苗地額均税。夏税六月納畢,秋税
十一月納畢。其黜陟使每道定税訖,具當州府應税都數
及徵納期限,並支留合送等錢物斛斗,分析聞奏,並報度
支、金部、倉部、比部。

這是有關制定兩税法最重要史料,通篇所講的是國家經費收
入和支出。因此,篇末説要報重要的三個財務機構,即度支、
金部、倉部。最後要報比部。但比部並不是財務機構,所以要
報比部,就是因爲全國性的財政收入,應由比部勾檢。每道定
税訖,要將兩税定額及期限報比部,比部要勾檢兩税的實際徵
收是否符合制度,兩税的交納時間是否符合程限。上列起請
條的規定,是比部檢查的一個依據。比部掌握全國全部財務
的令格式,掌管全國全部財務文案,作爲財務制度執行的最後
保證。

比部勾檢全國性的財務事項,也勾檢一個州或局部的財
務事項。茲迻録下列文書並加以分析。

《唐景龍三年(709)八月尚書比部符同年九月西州受》(Or.
8212,M272,迻録自 Maspero,*Les Documents Chinois*):

(前缺)

1　益思效□□□

2　石及雍州奉天縣令高峻等救弊狀,并臣

3　等司訪知在外有不安穩事,具狀如前。其勾

4　徵逋懸,色類繁雜。　恩勑雖且停納,於後

5　終擬徵收。考使等所通,甚爲便穩,既於公有益,

59

6　並堪久長施行者。奉　勑宜付所司參詳逐

7　便穩速處分者。謹件商量狀如前,牒舉者。今以

8　狀下州,宜准狀。符到奉行。

9　　　　　　　　　　主事"謝侃"

10　比部員外郎"奉古"令史"鉗耳果"

11　　　　　　　　書令史

12　　　　　　景龍三年八月四日下

13　"十五日,倩"九月十五日録事"(押)"受

14　"連順白"參軍攝録事參軍(押)付

15　　　　"十六日"

……………………………………(縫背署)………………

（後缺）

上引文書二至三行,馬伯樂氏、池田温氏録文作"并臣等司"。細審馬伯樂氏書所附圖版,似應作"并從臺司"。第七行之"牒舉者",馬伯樂氏、池田温氏録文作"牒奉者",細審圖版,"奉"字非是。這一文書的主要内容爲"勾徵逋懸"。"勾徵"就是經過勾檢而又徵收的賦斂,這樣的事要由比部下付給西州,正顯示勾檢財務事項是比部的職能。比部本身對度支所管事務及京師府州的勾檢爲其第一職能,而作爲全國財務勾檢領導機構,下符控制地方,當爲第二職能。

"勾徵"是比部勾檢賦斂(見上引新、舊《唐志》比部的職掌)的具體表現。賦斂是封建國家的主要財政來源,因此"勾徵"又是比部保證國家財政來源的表現。敦煌吐魯番文書及史籍文獻多次記載勾徵,兹先引録文書中的記載。

《唐開元十九年(731)正月西州高昌縣符目式抄目》(大谷三四七七、大谷三四七二、大谷三四七五,逐録自池田温著《中

國古代籍帳研究》),文書甚長,茲迻録有關四行如下:

    28   倉曹符爲當迴殘馬料粟壹伯叁拾陸碩壹斗,限五日
          内徵納▢▢▢

    29   春夏勾徵錢物,限符到十日内,徵納訖申事。

    32   功曹符,爲差户曹等攝祭事。▢▢▢▢

    33   百卅五文勾徵錢等,限本月二日納足事。

這文書,池田温氏擬名爲"唐開元一九年(731)正月西州
岸頭府到來符帖目右領軍衛岸頭府之印"。但據文書内容乃
州下縣符,少數爲都督帖。我認爲應是高昌縣符目或抄目。
但證據不足,可進一步討論。

《唐開元十九年(731)正月至三月西州天山縣符目式抄
目》(大谷文書八件,迻録自池田温著《中國古代籍帳研究》。
池田温氏擬題爲"唐開元十九年(731)正月—三月西州天山縣
到來符帖目天山縣之印"),文書甚長,茲迻録有關三行如下:

    67   度使勾徵麥粟,限符到五日内徵送事。

    104 倉曹符,爲支度使勾徵王如璋錢七百八十文等事。

    106 倉曹符,爲支度使勾徵斛斗事。

上引七行文書,"勾徵"五見。其中寫明爲倉曹下符者三見,其
他二見,我推測也是倉曹下符。按《唐六典》三〇《州官》云:

        倉曹司倉參軍,掌公廨度量庖廚倉庫租賦徵收田園
  市肆之事。

據此,租賦徵收本爲倉曹的職掌,故西州倉曹下符給高昌縣和
天山縣,勾徵錢粮等。一〇四行及一〇六行的支度使,應爲西
州都督府者。支度使掌管財務,故經過西州倉曹下符,向天山
縣徵收錢粮。按都督府和州的勾官爲録事參軍負責勾檢出來
未繳納的錢粮,而徵收則由掌管財務的部門即支度使和倉曹。

正如同中央一級，比部所勾檢出來的財務方面的問題，仍由掌管財務的度支、金部、倉部去解決。就官府和官吏的職能來講，比部是勾檢系統的中央機構，而錄事曹則是比部的下屬機構。

《唐開元二四年(736)九月岐州郿縣尉□勛牒判》(伯二九七九)，文書甚長，茲錄有關十四行如下：

8　不伏輸勾徵地稅及草前申第廿五

9　開元二十三年地稅及草等，里正衆款，皆言據實合
　　蠲，使司勾

10　推，示云據實合剝。里正則按見逃見死，以此不徵；
　　使司則執未

11　削未除，由是却覽。爲使司則不得不爾，處里正又不
　　得不然。而

12　今見存之人，合徵者猶覉歲月，將死之鬼，取辦者
　　何有

13　得期。若專徵所由，弊邑甚懼。今盡以里正等錄狀，
　　上州司戶，

14　請裁垂下。　不伏輸勾徵地稅及草後申第廿六

15　廿三年地稅及草等，被柳使剝由，已具前解，不蒙聽
　　察，但責名

16　品。若此稅合徵，官吏豈能逃責，只緣有據，下僚所
　　以薄言。今

17　不信里正據簿之由，惟馮(憑)柳使按籍之勾，即徵即
　　坐，不慮

18　不圖，欲遣彫殘之郿，奚從可否之命。況准慮條，
　　自徒

19　已下咸免,又承　恩敕,逋欠之物合原。里正雖是賤
　　　流,縣尉

20　亦誠卑品,確書其罪,能不有辭。依前具狀,録申州
　　　司户,請乞審慎。

21　無重所由。

以上所引,是圍繞着勾徵的一段官府文書。應納地税及草的
人"見逃見死",所以里正無從徵斂。從上級來的柳使,則按籍
勾檢,這些"見逃見死"應納地税及草的人在户籍上"未削未
除",這就是勾檢,其結果是這些人應納地税及草,由里正交
納,縣司不伏,上州司户申訴。所以要上州司户而不上州司
倉,這是由於户曹的職能是"掌户籍計帳道路逆旅田疇六畜過
所蠲符之事,而剖斷人之訴競。"(《唐六典》卷三十"州官"條)
上引文書就是郿縣尉的申訴,對柳使來説,也是競訴。這段文
書的内容也包括户籍及蠲免問題,都應由州户曹來處理。這
段官府文書顯示了勾徵的性質很明確。我推測,勾官柳使不
是州勾官録事參軍,而是上級派來的,可能是監察御史或臨時
的使職。唐勾檢制允許有臨時特派的勾官。

《唐天寶四載(745)交河郡高昌縣周祝子納税抄》(大谷五
八二九,迻録自池田温著《中國古代籍帳研究》)云:

1　周祝子納天寶叁載勾徵麩(?)

2　價錢壹伯文,四載十一月三日里正張欽。

《唐天寶四載(745)交河郡高昌縣納税抄》(大谷四九〇
六,迻録自池田温著《中國古代籍帳研究》),共四件,兹抄録
一件:

1　▢]天寶四載勾徵税錢捌拾伍

2　▢]月廿八日　典張大抄

3　　　　　　　　　　尉道□

這應是縣勾官勾檢之後而又徵收的。

在敦煌吐魯番文書中，關於勾徵的記載很多，不再一一徵引。以下舉出文獻中有關勾徵的記載，與上列文書中的勾徵相印證。

《唐大詔令集》七四《開元二十三年籍田敕》云：

京兆河南府秦州百姓有諸色勾徵及逋懸欠負，亦宜放免。

《册府元龜》四九〇《邦計部·蠲復二》略云：

〔開元〕八年二月詔曰：天下遭損州逋租懸調及勾徵特宜放免。

十八年正月，親迎氣於東郊，禮畢制曰：天下百姓今年地稅並諸色勾徵欠負等色在百姓腹內未納者，並一切矜免。

〔天寶〕六載正月詔：天下百姓今載地稅並去載應損郡逋租懸調諸色勾徵變換等物及請延限，並宜一切放免。

七載五月甲戌册尊號畢，大赦詔：天下百姓，今載地稅並諸色勾徵欠負等色，在百姓腹內未納者，並一切放免。

肅宗以天寶十四年七月即位於靈武，改元至德詔：諸(色)勾徵逋租懸調及官錢在百姓腹內者，并與放免。

二年十二月詔：其天下百姓應諸色人勾徵及欠負官物一切放免。

〔乾元〕二年二月丁亥詔：天下州縣諸色勾徵納未足者，一切放免。

上引史料中的"勾徵"，有些是在少數地區範圍，但多數是在全國範圍。這一點説明"勾徵"的普遍性,而這是由於賦斂是在全國範圍内普遍實行的。根據這樣的分析,"勾徵"就是比部的職掌之一——勾會賦斂(見上引《新志》"比部郎中員外郎"條)的一個方面。賦斂是封建國家財政收入的主要來源,比部勾檢賦斂,則是對這一財政來源的保證。勾徵,就是保證的表現。由此可以看出,在對封建國家行政機構以及封建國家機器的運轉中,比部所佔的重要位置和所起的重要作用。但有一點必須注意,比部掌勾會賦斂,掌勾徵,並不是比部官員到各地去進行勾檢,而是由各級勾官,如州的録事參軍,縣的主簿、録事等去直接勾檢,比部只是制定有關勾檢政令並勾檢州府的帳歷而已。當然比部郎中、員外郎要直接勾檢中央一級全國性的財務行政,如尚書省户部度支曹的奏抄,尚書省的計帳,以及各地方上報中央的計帳,等等。

綜合以上全部論述,從官府和官吏的職能來講,尚書省比部是財務勾檢系統中的中央領導機構,比部既勾檢中央一級全國性的財務行政,又下符各地方進行各個方面財務行政的勾檢,同時尚書比部還要制定有關財務勾檢制度,在全國實行。

五、財務勾檢制度

《唐會要》五九"比部員外郎"條云：

> 建中元年四月,比部狀稱,天下諸州及軍府赴勾帳等格,每日(月)諸色勾徵,令所由長官録事參軍、本判官,據案狀子細勾會。其一年勾獲數及勾當名品,申比部。一千里已下,正月到。二千里已下,二月到。餘盡三月到盡。省司檢勘,續下州知,都至六月内結。數關度支,便入其年支用。旨下之後,限當年十二月三(興按:這應是一年年末,即十二月三十日,"三"字下應補"十")日内納足者。諸軍支〔度〕使亦准此。又准大曆十二年六月十五日敕,諸州府請委當道觀察判官一人,每年專按覆訖,准限(興按:"准限比部"文義難通,"限"下應補"申"字。)比部者。自去年以來,諸州多有不到,今請其不到州府,委黜陟使同觀察使計會勾當,發遣申省,庶皆齊一,法得必行。敕旨,依奏。

上引史料分爲兩部分,第一部分自"建中元年四月比部狀稱"至"諸軍支〔度〕使亦准此",其内容爲勾徵制度。這一制度内容爲:諸州及諸軍府年終勾,把勾檢出來的錢物及數目,按路程遠近在次年一月二月最遲三月申報比部勾檢,比部勾檢出來的問題要再次下到州,而州據實際情況確定省司檢查出來的勾帳中的問題是否正確,這種核實要在六月三十日之前完成。如省司檢查出來的正確,那麼這部分勾徵財物,要在十二月三十日之內即年末納足。勾徵有州府勾徵,也有省司的再勾徵。省司勾徵的時間在下半年。第二部分從"又准大曆十二年六月十五日敕"至文末。內容似爲諸州府的財務歷在限期內申比部勾檢,沒有按限期申比部者,委黜陟使與觀察使計會勾當,按期申省。這一制度,使我們對財務勾檢系統,有了進一步理解。

敦煌文書中也有與上述相類似的制度,茲迻錄一件,加以分析。

《唐天寶四載(745)河西豆盧軍爲和糴帳事上河西支度使牒》(伯三三四八背),茲迻錄文書前三十二行:

1	"□□ 廿日"
2	合當軍天寶四載和糴,准　旨支貳萬段,出囷
3	威郡,准估折請得絁絹練綿等總壹萬
4	肆阡陸伯柒拾捌屯疋叁丈伍尺肆寸壹拾銖。
5	伍阡陸伯疋,大生絹。
6	伍伯伍拾疋,河南府絁。
7	貳伯柒拾疋,縵緋。
8	貳伯柒拾疋,縵綠。
9	壹阡玖伯貳拾柒屯壹拾銖大綿。
10	壹阡柒伯疋,陝郡絁。
11	肆阡叁伯陸拾壹疋叁丈伍尺肆寸大絁。

·············(縫背署印)·············

| 12 | 柒阡壹拾柒屯疋壹拾銖,行綱敦煌郡 |

67

13　　　　　參軍武少鸞,天寶三載十

14　　　　　月十二日,充　旨支四載和

15　　　　　籴壹萬段數。其物並給百

16　　　　　姓等和籴直,破用並盡。

17　　　伍阡陸伯疋大生絹,疋估四百六十五文計

18　　　　　貳阡陸伯肆貫文

19　　　伍伯伍拾疋河南府絁,疋估五、(六)百五、

　　　　　十、(廿)文。①

20　　　　　計叁伯肆拾貫文

21　　　貳伯柒拾疋縵緋,疋估五百五十文。

22　　　　　計壹伯肆拾捌貫伍伯文

23　　　貳伯柒拾疋縵綠,疋估四百六十文。

24　　　　　計壹伯貳拾肆貫貳伯文

25　　　叁伯貳拾柒屯壹拾銖大綿,屯估一百五十文。

26　　　　　計肆拾玖貫伍拾文。

27　　以前疋段,准估都計當錢叁阡貳伯陸

28　　拾陸貫柒伯伍拾玖文,計籴得斛�

29　　壹萬壹伯壹拾伍碩陸斗玖勝壹合

30　　其斛斗收附去載冬季軍倉載支

31　　粮帳,經支度勾,並牒上金部比部

32　　度支訖。

上引文書是天寶四載豆盧軍和糴帳的一部分,詳細記述收入以及支出的數目和情況。這樣的帳,先由豆盧軍的支度使勾檢,然後又申上金部比部度支。所以要申金部,因:

---

① 編者注:原卷此處"五"塗改爲"六","五十"塗改爲"廿"。

〔金部〕郎中、員外郎掌判天下庫藏錢帛之事，頒其
節制而司其簿領。凡庫藏出納，皆行文牓，季終會之。
若承命出納，則於中書門下復（《唐六典》作"覆"）而行
之。（《舊唐書》四三《職官志・户部》，《唐六典》卷三《户
部》略同）

豆盧軍在天寶四載"准旨支貳萬段出武威郡"，以爲和糴之用，
這正是金部掌管之事，即"判天下庫藏錢帛之事，頒其節制而
司其簿領"。所以要申度支，因：

度支郎中員外郎，掌支度國用，每歲計其所出而支
（《舊唐志》作"度"）其所用。凡和市糴（《舊唐志》"糴"上
有"和"字）皆量其貴賤，均上下之貨，以利於人。（《唐六
典》三《户部》，《舊唐書》四三《職官志・户部》略同）

文書所記的是爲了豆盧軍和糴，要支出二萬段，正是度支掌管
之事。

所以要申比部，因比部掌管勾檢"倉庫出内"及"和糴"（見
上引《舊唐志・刑部》）。這是財務勾檢制度。豆盧軍的支度
使（從官吏的職能上講是比部的下屬官員）勾檢本軍的和糴帳
後，再送尚書比部勾檢。這也是財務行政制度。

《唐會要》五九"比部員外郎"條云：

貞元八年閏十二月十七日，尚書右丞盧邁奏，伏詳比
部所勾諸州，不更勾諸縣。唯京兆府河南府，既勾府，並
勾縣。伏以縣司文案，既已申府，府縣並勾，事恐重煩。
其京兆河南府，請同諸州，不勾縣案。勅旨，依。

十一年正月勅，令比部復舊勅，勾京兆留府税租。

根據這條史料和其他有關史料，財務勾檢系統的勾檢制，分爲
自勾，如上文所説的豆盧軍支度使勾檢豆盧軍和糴帳，逐級

勾,即中央的比部勾諸州、府,諸州、府勾諸縣。所謂逐級勾,並不是上級勾官直接到下級勾檢,而是下級已經自勾的帳歷和其他有關財務文書,向上級申報,由上級勾司,再行勾檢。如上文所説的豆盧軍的和糴帳自勾之後,又上報尚書比部勾檢。這是普遍制度,但也有特殊的勾檢事項。如上引《唐開元二十四年九月岐州郿縣尉□勘判》中的柳使,不是岐州的勾官,可能是中央派來的監察御史充當臨時勾官。又如《唐天寶十三載(754)敦煌郡勾徵帳》(伯三五五九和伯三六六四),兹迻録二十七行如下:

　　　　(前缺)

　1　當郡從天十二載冬季勾後,據帳管諸色應在勾徵□

　2　欠等斛㪷疋段羊馬駝牛什物等,總肆萬玖阡貳□

　3　柒拾碩貫張具團□□□□零貳文肆尺柒寸□□

　4　玖拾叁文錢,壹㪷壹勝貳合玖勺斛㪷,貳兩□□

　5　腥藥,叁段貳分肉,捌分皮。

　6　　壹阡柒陌捌拾壹碩貫疋零貳㪷叁勝,叁文□□

　7　　寸,錢叁伯壹拾伍文,正帳入。　勅限並勾徵並(?)□

　8　十二載,寶侍御准　勅交覆,並緣官貸便及□

　9　馬料未填。

　10　　　　玖伯伍拾壹碩貳㪷叁勝斛㪷並□

　11　　　　伍伯柒拾伍疋叁文陸尺捌寸大圝

　12　　　　貳伯伍拾伍貫叁伯壹拾伍文錢

　13　　壹阡伍伯陸拾捌碩貫疋,零貳㪷叁勝叄文陸囨

…………………………………………(縫背署"仲")…………………………………………

　14　　捌寸,錢叁伯壹拾伍文、正帳應在。寶侍御准

　15　　勅交覆欠。所由典令狐良嗣

70

16　　　　　柒伯叁拾捌碩貳斜叁勝，正倉粟

17　　　　　伍伯柒拾伍疋叁文陸尺捌寸陳留郡大絹

　　　　　　　和糴

18　　　　　貳伯伍拾伍貫叁伯壹拾伍文錢，闕官料🔲

19　　　　右件物，得所由狀稱，去天六載，節度使□

20　　　　馬壹伯疋，當絹貳阡伍伯疋，於武威郡□

21　　　　和籴物，留充市四戌上件馬價，填入

22　　　　絹壹阡肆伯捌拾叁疋貳丈，未還其物□

23　　　　取使支物填還，天六已後，頻申請使

24　　　司，不蒙支送，無物填還，帳存應在，其

25　　　　物既緣官用，望准　恩制處分。

26　　貳伯壹拾叁碩粟，天十一閏三月，島山等四戌□

27　　料勾徵，寶侍御准　勑交覆欠，所田坊正何寧。

這段文書三次說到"寶侍御准　勑交覆"，寶侍御可能不是敦煌郡官，而是中央政府派來的，但也有可能是支度使而兼侍御史。"覆"意爲詳審，勘定和審查，與勾檢的意思相同。"交"有"共"的意思。我推測，可能是中央政府派來寶侍御，也有可能是兼侍御史的支度使與勾官錄事參軍共同勾會。

《唐會要》五九"比部員外郎"條云：

　　　　長慶元年六月，比部奏，准制，諸道年終勾帳，宜依承前勑例。如聞近日刺史留州數內，妄有減削，非理破使者，委觀察使風聞按舉，必重加科貶，以誡削減者。其諸州府，仍請各委錄事參軍，每年據留州定額錢物數，破使去處及支使外餘剩見在錢物，各具色目，分明造帳，依格限申比部。准常限，每限(年)五月三十日都結奏。旨下之後，更送戶部。若違限及隱漏不申，錄事參軍及本判

官，並牒吏部使闕。勅旨，宜從。

比部奏疏中所説的是有關年終勾帳和留州勾帳的制度。留州勾帳從年終勾帳中分離出來，由勾官另行造帳，這是唐後期的制度。年終勾帳與留州勾帳申比部的時間不一致，年終勾帳的"承前勅例"，即指建中元年四月比部狀稱，因距中央的路程遠近不同，最遲來年三月申到，而留州勾帳則五月三十日前結奏，申報比部勾檢。

根據上述分析，在財務勾檢系統内，比部勾諸州一年一次，州申報比部以來年三月爲最遲期限。因唐後期留州勾帳從年終勾帳中分離出來，比部不僅要勾年終勾帳，也要勾留州勾帳，留州勾帳上報的時間以五月三十日爲限。州勾縣可能是兩季一勾或一季一勾，如《唐開元十九年（731）正月西州高昌縣抄目》（池田温先生題爲"岸頭府到來符帖目"，我稱之爲抄目，見本書上文關於抄目的解釋。從文書内容看，不可能是折衝府的，而是高昌縣的。大谷三四七七、大谷三四七二、大谷三四七五，迻録自池田温著《中國古代籍帳研究》），其中四行云：

9　倉曹符　爲當縣石舍等鎮戍秋冬季勾歷，符到當日申事。

19　☐冬勾歷，限符到三日内，並典及案赴州事。

28　倉曹符　爲當界迥殘馬料粟壹伯叁拾陸碩壹䬋，限五日内徵納☐

29　春夏勾徵錢物，限符到十日内，徵納訖申事。

九行的"秋冬季勾歷"，二十九行的"春夏勾徵錢物"，十九行的"冬"字上可能有"秋"字，據此，似乎秋冬兩季一次勾，春夏兩季一次勾。但也有可能每季一勾，在抄目上，把兩次勾合併一起記載了。

六、財務系統勾檢制的實行情況

本書上文詳述了勾檢制的普遍性和勾檢制的兩個系統。在這一部分裏,我就財務系統詳述勾檢制的實行情況。

財務行政系統勾檢制的實行情況可分爲兩部分論述:一爲勾帳式的實行,二爲一般財務行政勾檢。茲依次論述如下。

(一) 勾帳式的實行

《唐六典》六"刑部郎中員外郎"條云:

> 凡《式》三十有三篇。亦以尚書省刑(六)曹及秘書、太常、司農、光禄、太僕、太府、少府及監門、宿衞、計帳爲其篇目。

《唐會要》三九《定格令門》云:

> 至垂拱元年三月二十六日,删改格式,加計帳及勾帳式。

據上引,勾帳式的制定始於武則天垂拱元年,《六典》所載開元七年式有此一篇。又據本書第二部分所引《唐會要》五九"比部郎中員外郎"條所云:"建中元年四月,比部狀稱,天下諸州及軍府赴勾帳等格",勾帳式在唐代後期仍在實行。

唐勾帳式已不存在,無從知其内容,但就文義而論,可解釋爲勾檢各種帳(如計帳、會計帳等)的法式。如《舊唐書》一

73

○五《楊愼矜傳》載楊崇禮爲太府卿,善於理財,應與實行勾帳式有關。其文略云:

> 時太平且久,御府財物山積,以爲經楊卿者無不精好。每歲勾剥省便,出錢數百萬。

《通鑑》二一二唐玄宗開元二十一年末略云:

> 太府卿楊崇禮,政道之子也,在太府二十餘年,前後爲太府者莫及。時承平日久,財貨山積,嘗經楊卿者,無不精美;每歲勾駁省便,出錢數百萬緡。勾者,勾考其出入或多或少。駁者,按文籍有並緣欺弊則駁異之。

此處的勾考,應是勾考帳簿,故能知其出入或多或少,而"按文籍"駁異,文籍也應是帳簿,按帳簿故能知其欺弊。我認爲,這就是勾帳式的應用實行。

(甲) 吐蕃貴族統治沙州時期五件財務文書的整理

(一)《吐蕃辰年(788)沙州倉曹會計歷》①[伯二七六三背(一)]

(前缺)

························(縫背簽署似"謙"②)···············

1　　　同　　　　同
　　　伍碩叁㪷白皮踏。叁碩燋麥。

2　　　同
　　　貳碩肆㪷壹勝柒合陸勺𪌭。

3　　　同　　　四升
　　　肆拾叁碩玖㪷肆合叁勺草子③。

4　　　同
　　　壹阡壹伯陸拾玖貫柒伯叁拾文錢。

5 **會案同,謙**
　　　壹拾玖碩肆㪷,諸人貸便應在。

6 　　　　**同**　　　　**同**
　　壹拾柒碩肆䮚麥④。貳碩粟⑤。

7 　**會案同，謙**
　　貳碩麥，十月廿三日牒，貸吐蕃監使軟勃匐⑥強

8 　**准前同，謙**
　　捌碩肆䮚麥，十一月七日，貸監部使名悉思恭。

9 　**准前同，謙**
　　肆碩，十一月廿四日牒，貸何庭等二人各貳碩。

10 　　　　**同**　　　　**同**
　　貳碩麥。貳碩粟。

11 　**准前同，謙**
　　壹碩麥十二月一日判，貸曹俊之。

12 　**准前同，謙**
　　壹碩麥，十二月三日牒，貸譯語舍人樊明俊。

13 　**准前同，謙**
　　壹碩麥，十二月廿八日牒，貸董英朝。

14 　貳碩麥，十二月卅日牒，張齊榮便。

·····················（縫背簽署似"謙"⑦）·············

（後缺）

校注：

① 年代和標題。這件文書、日本學者池田温標題爲"吐蕃巳年（789）沙州倉曹會計牒"（見池田温著《中國古代籍帳研究》），我認爲應標題爲"吐蕃辰年（788）沙州倉曹會計歷"。按伯二七六三背（二）文書（見下文），池田温先生標題爲"吐蕃巳年（789）七月沙州倉曹楊恒謙等牒"，這件文書的一、二、三、四行和伯二七六三背（一）文書的一、二、三、四行完全相同，可見這兩件文書關係密切，時間應極接近。在這四行之後，伯二七六三背（二）文書又記載："前件給用文帳事，須勘責"，"辰年九月四日已後，至十二月卅日，應給用䮚䮚等勘造訖。"按這件文書殘存的末一行的日期是十二月卅日，其所記帳目有可能至十二月卅日止，也就是至辰年十二月卅日止。辰年是伯二七六三背（二）所在之年（巳年）的前一

年。因此,在伯二七六三背(二)上記事可稱辰年文帳爲前件文帳。據此,這件文書應是伯二七六三背(二)文書的前一年的文帳,也就是辰年的文帳。此其一。

又按:伯二六五四背文書(見下文),池田温先生在上述他的著作中標題爲"吐蕃(巳年?)(七八九?)沙州倉曹會計牒",其第九行爲:"肆阡貳伯玖拾貳碩貫零柒躰與参勝柒合玖勺柒伯参拾文應見在前帳。"同一文書的十至二十二行列出在前帳的二十二項,其最末五項和這件文書[即伯二七六三背(一)]殘存的開端五項完全相同,可見這件文書可能就是伯二六五四背文書中所稱的前帳。在上引"肆阡貳伯"云云一行的右側有"會辰年十二月卅日□□同,謙"一句,"辰年十二月卅日"云云顯然是此行所記的"前帳"。這件文書正有十二月卅日記帳,可見這件文書是巳年的伯二六五四背文書的前帳,時間應爲辰年。此其二。

根據上述兩點,伯二七六三背(一)文書是辰年的。其性質是歷(帳),而不是牒。上引材料説到這件文書時一再稱之爲前帳或前件文帳,就是明證。

② 縫背簽署似"謙"。池田氏録文作"嗛",並説"印文不鮮明"。巴黎法國國家圖書館研究者指出,書寫"用黑墨水"。

③ 草子。伯二七六三背(一)、(二)及伯三四四六背均記載"肆拾叁碩玖鈄肆勝肆合叁勺草子",伯三四四六背又記載"壹阡叁拾肆碩伍鈄草子(壹阡叁拾碩伍鈄草子及壹碩草子)"。在現存多件敦煌會計歷、牒以及類似的文書中,只有上述三件吐蕃貴族統治敦煌時的文書記載草子,而且數量達到一千餘碩之多。我認爲,這和吐蕃的社會性質有關。按《新唐書》二一六上《吐蕃傳》略云:

吐蕃遣大臣仲琼入朝,帝(高宗)召見,問曰:贊普孰與其祖賢?
對曰:勇果善斷不逮也。然勤以治國,下無敢欺,令主也。且吐蕃居寒露之野,物産寡薄,暑躭冬裘,隨水草以牧。

《舊唐書》九六上《吐蕃傳》略云:

其人或隨畜牧而不常厥居。

據此,吐蕃過着遊牧以畜牧爲主的生活。吐蕃貴族佔領敦煌以後,大批軍隊和一般百姓入居該地區,不能不把遊牧和以畜牧爲主的生活生產方式帶來。居住在同一地區的漢族人民受到影響而經營畜牧業,因而出現規模較大的放牧牛羊馬匹的人工培植草地,也就是牧場。這幾件文書記載數量很多的草子,其原因在此。

又按:伯三四四六背文書第二十一行云:"會歷同,謙","卌九石三斗四升,三月十四日。八石三斗,五月十五日。一石一斗,六月十五日","壹碩草子,百姓折欠馬䝗納。""百姓折欠"云云右側小字所記共三項,其和爲五十八石七斗四升。馬䝗應爲豆類或玉米碾碎者,一石草子怎能折納五十八石七斗四升豆或玉米呢?這是不可能的。案此五十八石七斗四升乃此文書第二十行記載季庭興所納"伍拾捌碩柒肆勝"的三個細目之和。據文書書寫體例,應在第二十行的右側,不知何以寫在第二十行的左側了?

④ "麥"字右側有朱點,池田氏錄文脫漏,據法國國家圖書館研究者指出,應補。

⑤ 第六行:"貳碩"下有一字殘甚,法國國家圖書館研究者指出:"現在這兒有個窟窿。"但細審此文書的顯微膠卷,此字似爲"粟","粟"字上部"西"的左半部仍可辨識,可以意填爲"粟"。

⑥ 軟勃匋強池田氏錄文作"軟勃匋強","匋"字誤。法國國家圖書館研究者指出:原文書作"匋",並指出,伯二六五四背文書也載有"軟勃匋強"。

⑦ 從顯微膠卷上看,縫背簽署不清晰,似"謙"。池田氏錄文作"訃"。法國國家圖書館研究者指出:原文書作"謙",並説:"這個字清楚,用黑墨水寫的。"

(二)《吐蕃巳年(789)七月沙州倉曹典趙瓊璋上勾覆所牒》①[伯二七六三背(二)]

(前缺)

··謙②(縫背)··

1　　　同　　　　　　　同
　　　伍碩叁尳白皮䝗。叁碩燋麥。

同
2　　　貳碩肆㪷壹勝柒③合陸勺戯。

同
3　　　肆拾叁碩玖㪷肆勝肆合叁勺草子。

同
4　　　壹阡壹伯陸拾玖貫柒伯叁拾文錢。

5　　　右奉使牒，前件給用文帳事，須勘責，差官勾

6　　　覆。牒舉者使判，差白判管勾者。准判，牒所由

7　　　者。辰年九月四日巳復至十二月卅日，應給用斛㪷等

8　　　勘造訖，具録甲勾覆所④者。謹録狀上。

9牒，件狀如前，謹牒。

10　　　　　巳年七月　　日　典趙瓊璋牒

11　　　　　　　　倉督⑤氾庭之⑥

12　　　　　　　　倉曹楊恒謙⑦

校注：

①　標題。池田温先生擬題爲“吐蕃巳年七月沙州倉曹楊恒謙等牒”，案文書結束部分爲：

　　巳年七月　　日　典趙瓊璋牒

　　　　倉督氾庭之

　　　　倉曹楊恒謙

據此，此牒的撰寫者及發出者爲典趙瓊璋，氾庭之、楊恒謙連署。標題應與此一致，應作典趙瓊璋牒。

　　據《唐六典》三〇《州縣官》、《舊唐書》四四《職官志》及《新唐書》四九下《百官志》，州司倉下無典。文書所記雖爲吐蕃貴族統治敦煌時期事，但其制度多襲唐舊。我認爲《唐六典》等書州司倉下無典，可能脫漏。文書可以補史。

　　②　在縫背簽署“謙”字之下，法國國家圖書館研究者指出：原文書此字是用黑墨水寫的。

③ 文書第二行的"柒"字右側,從顯微膠卷上看,似乎有類似一橫的殘迹,池田氏錄文作〔一〕,法國國家圖書館研究者指出,原文書上"就是這麽樣畫的:一(興按,係朱色),不必是'一'字吧。"永興案:本文已逐錄的第一件文書第二行與此件文書第二行完全相同,但"柒"字右側無"一"字。我認爲法國國家圖書館研究者的意見是對的。

④ 勾覆及勾覆所。案《新唐書》四九上《百官志》"左右神策軍"條略云:

都勾判官二人,勾覆官名一人。

又案日本學者小田義久責任編集《大谷文書集成》壹載《交河郡考課文書》(大谷一〇四一,圖版九四)記有以下一行:

□□勾覆廿

此處"勾覆"一詞與《新唐志》所載"勾覆",當然是同一性質。伯二七六三背(二)文書上的"勾覆"亦同。"勾覆"意即勾檢。吐蕃貴族統治敦煌的時期,沿襲唐勾檢制。至於"勾覆所"一名稱,我推測,也應是前此已有的。

⑤ 倉督　按《唐六典》三〇《地方官》,大都督府中都督府下都督府上州中州均有倉督二人,下州有倉督一人(《舊唐書》四四《職官志》同)。《新唐書》四九下《百官志·地方官》:大、中、下都督府均有倉督二人,但上、中、下州無倉督,應是脱漏,因敦煌文書中,州郡有倉督。如《唐天寶九載八月九月敦煌郡郡倉納穀牒》(伯二八〇三)十六件,其中十二件的結束部分有倉督連署。兹逐錄一件如下:

1 郡倉

2 肆日,納百姓宋希盛等和籴粟壹阡柒拾陸碩,入東行從南第一　眼。空

3　右納得上件粟,其戶人名,別狀通上。

4 牒件狀如前,謹牒。

5　　天寶九載九月四日,史索秀玉牒

6　　　　　倉督張假

7　　　　主簿攝司倉蘇汪

8　　　司　馬　吕隨仙

9　　　長　史　姚光庭

79

```
10   肆   日   謙
```

據此,州有倉督,文書的記載和史籍的記載是一致的。吐蕃貴族統治沙州時期有倉督,應是沿襲唐制。

⑥ 倉督氾庭之　細審本文書顯微膠卷,"氾"下一字似爲"庭"字,池田氏録文作"㐷",再下一字漫漶難識。法國國家圖書館研究者指出:"氾"下二字乃"庭之",並説:此二字是左景權先生辨識出來的。

⑦ 倉曹楊恒謙　倉曹應是"倉曹參軍事"的省稱。據《唐六典》三〇,都護府都督府及鎮都有倉曹參軍事。州亦有此官,但稱爲司倉參軍事。此文書稱爲倉曹參軍事,這可能由於沙州敦煌郡爲下都督府(見《新唐書》四〇《地理志》),也可能由於吐蕃貴族佔領沙州時期,實行軍事統治,沙州類似都護府都督府和鎮。

從文書的勾檢字句看,其署名的"謙"即"楊恒謙"。倉曹參軍事爲判官,但因何在此卷中作勾官?《唐六典》卷三十《州官》云:

上鎮:

倉曹參軍事一人,從八品下。

倉曹掌儀式倉庫,飲膳醫藥,付事勾稽,省署抄目,監印,給紙筆,市場公廨之事。

鎮的倉曹參軍事兼有勾檢職能,這種由判官兼勾官的情況,唐律中有記載,唐的其他官府也有這種情況(詳見本書第一部分)。吐蕃統治時期沙州勾官設置未如州,而與鎮一樣,這反映了吐蕃佔領時期的軍事統治。

(三)《吐蕃午年(790)三月沙州倉曹典趙瓊璋牒》①[伯二七六三背(三)]

```
1 倉
                              □同,謙
2   辰②年十二月已前,給宴設廚造酒斛斗卅二石二斗四升
      同    同         同       同
3         一石米、一十八石青麥、三石麴、三石四
        斗七升麵
```

4	**同　　　　同** 三石二斗麴、三石五斗七升粟折米二石
5	**會案同,謙** 三石八斗　九月八日牒支
6	**同　　同　　同　　同　　同** 一石米、一石麥、三斗麵、四斗麩、一石一斗麴
7	**准前同,謙** 六石九斗七升　十月二日牒支
8	**同　　同　　同　　　同** 二石麥、六斗麵、八斗麩、三石五斗七 升粟折米二石③
9	**准前同,謙** 八石六斗　五升　十月五日牒支
10	**同　　同　　同　　　　同④** 五石麥、一石麩、七斗五升麵、一石九斗麴⑤
11	**准前同,謙** 六石七斗五升　十二月八日牒支
12	**同　　　同　　　同** 五石麥、一石麩、七斗五升麵
13	**准前同,謙** 六石七升　十二月十日牒支
	⋯⋯⋯⋯⋯⋯⋯⋯⋯⋯⋯⋯⋯⋯⋯⋯謙⑥⋯⋯⋯⋯⋯⋯⋯⋯⋯
14	**同　　同** 五石麥、一石七升麵。內七斗五升本色, 三斗二升折麩一石。
15	右件斛蚪,先入帳,都收哌⑦訖。今具
16	牒文月日如前。
17	牒、件狀如前,謹牒。
18	午年三月　日典趙瓊璋
19	倉曹楊恒謙

81

校注：

① 標題。池田温先生標題爲"吐蕃午年三月沙州倉曹楊恒謙等牒"，我認爲應標題爲"吐蕃午年三月沙州倉曹典趙瓊璋牒"，理由同上文(乙)。

② 記帳的方法和習慣。牒文載用粮只一項，即第二行辰年十二月已前所用粮三十二石二斗四升。三、四兩行載六細目，説明三十二石二斗四升包括六個品種，即米、青麥、麴、麵、麩及粟折米。五至十四行所載爲，三十二石二斗四升分五次牒支，每次支取若干。據此可知當時的記帳方法和習慣。《開元二十三年沙州會計歷》(伯三八四一背)、《天寶四載河西豆盧軍和糴會計牒》(伯三三四八背)也都使用了同樣方法。雖因所記品名不同而方法小異，但基本方法是一致的。這一點對研究唐代財政史是很有用的。

③ "二石"二字，據法國國家圖書館研究者指出，都是朱書。

④ "同"字，池田氏録文在"麵"字右側，法國國家圖書館研究者指出，"同"字在"一石"的右側。

⑤ 一石九斗麴。池田氏録文"麴"誤爲"麵"。

⑥ 謙(縫背簽署)。法國國家圖書館研究者指出："用黑墨水寫的"。

⑦ □攴。池田氏録文作"□攴"。細審顯微膠卷，此字乃"支"字。

(四)《吐蕃巳年(789)沙州倉曹上勾覆所會計歷》①〔伯二七六三背(四)、伯二六五四背〕

‥‥‥‥‥‥‥‥‥‥‥‥‥‥‥‥去諸

1 倉　　　　狀上勾覆所　　　拾叁日　去諸②

2 合巳年正月一日已後至六月卅日以前，管新舊斛斗錢

　　計同□　　　壹③
　　惣玖阡叁伯叁拾碩貫□

　　　叁　玖
3 斗伍、勝壹、合捌勾柒伯叁拾文

　　　　　　　同
4　　　　　肆阡柒伯伍拾陸碩伍斗捌勝麥

5	同 壹伯壹拾陸碩陸卧柒勝大麥	
6	同　　　玖　陸　　　七合 貳伯肆拾捌、碩柒、卧陸勝　　粟	
7	同 捌拾肆碩壹卧肆勝蓽豆	
8	同 柒拾貳碩叄卧伍勝豌豆[④]	
9	同　　　　　　　同 壹卧捌勝胡棗　貳卧玖勝喬麥	
10	同 壹伯肆拾肆碩肆卧叄勝黃麻	
11	同碩柒卧黑豆　同伯玖拾陸碩陸卧貳勝 壹碩柒卧黑豆　壹伯玖拾陸碩陸卧貳勝 　　　伍合紅藍	
12	同 貳拾碩陸卧玖勝麻子	
13	同　　　　　　　　同 捌拾碩貳卧捌勝白麵　肆拾碩伍卧伍勝麨	
14	同　　　　　　　　同 貳拾陸碩貳卧柒勝油　叄碩叄卧麥𪍿	
15	同　　　　　　　　同 壹伯叄拾碩捌卧貳勝米　肆拾玖碩肆卧床	
16	同 壹拾捌碩柒卧陸勝肆合伍勺麩	
17	同　　　　　　　　同 貳拾玖碩壹卧豆䜴　貳碩伍卧貳勝叄合 　　　伍勺麥	
18	同　　　　　　同 伍碩叄卧白皮䜴　叄碩爝　麥	

19　同
　　叁碩伍㪷陸勝柒合陸勺戲

20　同
　　壹阡柒拾捌碩肆㪷肆勝肆合貳勺草子

21　同　　　　　　　　　　　同
　　壹阡貳拾玖碩壹㪷叁勝雜麵　壹拾捌碩

　　豆
　　柒㪷捌勝柒合麵

22　同
　　壹阡壹伯陸拾玖貫圙佰圙⑤拾文錢
會辰年十二月卅日□□，謙

　　　貳　　　柒　　　叁
23 肆阡貳伯玖拾壹、碩貫零捌、㪷伍、勝柒合玖勺柒伯叁
　　拾文應見在前帳⑥

24　同
　　貳阡貳伯壹拾玖碩伍㪷玖勝青小麥

　　　　　　　　　　　　肆　　陸
25　玖拾柒碩捌㪷玖勝大麥　捌拾玖碩伍、㪷伍、
　　伍(?)合
　　勝粟

26　同
　　柒拾陸碩貳㪷陸勝蓽豆

27　同　　　　　　　　　同⑦
　　陸拾叁碩貳㪷伍勝豌豆　壹㪷捌勝胡棗子

28　同　　　　　　同
　　貳㪷玖勝喬麥　壹伯肆拾肆碩肆㪷叁勝黃麻
‥‥‥‥‥‥‥‥‥‥‥‥‥‥‥‥‥‥‥‥‥‥謙⑧

29　同　　　　　　同
　　壹碩柒㪷黑豆　壹伯玖拾伍碩叁㪷貳勝伍
　　合紅藍

84

30　　貳拾碩陸㪷玖勝麻子　壹碩貳㪷捌勝麵

31　　壹碩陸勝麨　肆碩玖㪷柒勝油　叁碩叁㪷
　　　麥飯

32　　壹伯壹拾陸碩柒㪷貳勝米　叁勝玖合伍勺麩

33　　貳拾玖碩壹㪷豆䜺⑨　貳碩伍㪷貳勝叁合伍
　　　勺麥圖(?)⑩

34　　伍碩叁㪷白皮䜺⑪　貳碩肆㪷壹合陸勺戲（勝柒⑫）

35　　肆拾叁碩玖㪷肆勝肆合叁勺草子　叁碩燋麥⑬

36　　壹阡壹伯陸拾玖貫柒伯叁拾文錢

37　壹拾玖碩叁㪷肆諸人貸便應在

38　　　　壹拾柒碩肆㪷麥　貳碩粟⑭

39　貳碩麥　十月廿三日牒貸吐蕃監使軟勃匐強

40　捌碩肆㪷麥　十一月七日貸監部落使名悉思恭

41　肆碩　十一月廿四日牒貸何庭等二人各貳碩

42　　貳碩麥　貳碩粟

‥‥‥‥‥‥‥‥‥‥‥‥‥‥（縫背印）‥‥‥‥‥‥‥‥‥

校注：

① 這兩件敦煌卷子是一件文書的前後部分，其標題應爲"吐蕃巳年

沙州倉曹上勾覆所會計歷”。池田温著《中國古代籍帳研究》將伯二七六三背（四）文書標題爲“吐蕃午？年（七九〇？）沙州倉曹狀上勾覆所牒”，將伯二六五四背文書標題爲“吐蕃〔巳年？〕（七八九？）沙州倉曹會計牒”。仔細研讀這兩份敦煌卷子，我認爲這是一件文書分爲兩半。茲陳述理由如下：

伯二七六三背（四）文書第二、三行：

合巳年正月一日已後至六月卅日以前，管新舊斛斗錢惣玖阡叁伯叁拾壹碩貫□斛斗伍叁勝壹玖合捌勺柒伯叁拾文。

這一文書四至十四行記載十五筆粮食帳，共計五千七百九十三碩（斗以下零數可不計）。伯二六五四背文書一至八行記載十一筆粮倉帳和一筆錢帳，共計三千五百三十九碩貫（斗以下零數可不計）。這兩項合計爲九千三百三十二碩貫，與伯二七六三背（四）文書二、三行所記的九千三百三十一碩貫，只差一碩（或一貫）。這樣兩個近萬的四位數的大數字，在第四位數上只差一，兩者應視爲相同。據此，伯二六五四背文書應是伯二七六三背（四）文書緊相連接的後半部分。此其一。

其次，伯二七六三背（四）文書二、三行所記數目的零尾數：粮食爲□斗三升九合八勺，錢爲七百三十文。我把伯二七六三背四和伯二六五四背兩件文書所記二十六筆粮食帳的斗下數字合加計算，其尾數爲五斗三升一合八勺。文書上的“伍勝”的“伍”字左側有朱筆塗銷記號，右側有朱筆“叁”字。這是勾檢者重新計算後，改“伍”爲“叁”。按我現在的計算，這一改正是對的。但同樣改“壹”爲“玖”，就不對了，仍應爲“壹”。這可能由於勾檢者計算有誤。

又按，粮食帳尾數有“勺”者爲：伯二六五四背文書的第二行“五勺”，第三行“五勺”，第五行“六勺”，第六行“二勺”，共十八勺，即一合八勺。這一數字和伯二七六三背（四）文書二、三行所記數目尾數的“一合八勺”相同。伯二六五四背文書的第八行所記爲“七伯三十文”，與伯二七六三背（四）文書第二、三行的數目錢的尾數“七百三十文”也相同。粮錢尾數如此相同，可見伯二六五四背文書前八行的粮、錢數字，包括在伯二七六三背（四）文書上二、三行的總數內。此其二。

　　根據以上兩點,我認爲伯二七六三背(四)文書和伯二六五四背文書是一件文書的前後部分。兩者應合爲一件文書。文書開端有"倉　狀上勾覆所"。全文書的内容爲總帳和細帳,這指明了文書的性質爲歷。文書二行有"合巳年正月一日已後至六月卅日"一句。由於以上三點,這是一件沙州倉曹巳年七月至十二月之間上勾覆所會計歷。月份不明,從略,擬標題爲: 吐蕃巳年沙州倉曹上勾覆所會計歷。

　　② 拾叄日　去諸。"去"下一字,池田氏録文作"昷"。文書顯微膠卷漫漶不清,我懷疑此字即縫背簽署者"去諸"的"諸"字。這五個字,法國國家圖書館研究者指出: 原卷上"用黑墨水寫的"。

　　③ "壹"所在的位置　池田氏録文此"壹"字在"拾"字的右側。法國國家圖書館研究者指出: "'壹'字在'拾'和'碩'的中間",即"拾"後"碩"前脱"壹"字,故補於此二字之間,即拾壹碩也。

　　④ 豌豆。池田氏録文誤爲"琬豆"。

　　⑤ 柒佰叄。此三字,文書顯微膠卷漫漶難辨,兹據池田氏録文迻録。

　　⑥ 前帳就是《吐蕃辰年沙州倉曹會計歷》[伯二七六三背(二)]這件文書第二十三行(原二五六四背文書第九行)爲:

　　　　四千三百九十二碩貫零七斗三升柒合九勺七百三十文應在前帳

　　以下二十四行至三十六行所記是上引總帳的細目。三十四行至三十六行所記五筆粮錢帳,其内容與伯二七六三背(一)文書一至四行(一行之前已殘)的五筆粮錢帳完全相同。可見這裏所説的前帳就是辰年會計歷。

　　在這件文書第二十三行,即記有"前帳"這行上部右側,有一行朱筆字: "會辰年十二月卅日□□同,謙",這是勾檢者楊恒謙寫的。意爲與辰年歷十二月卅日以前者會計相同。辰年會計歷最後一筆帳恰爲十二月卅日者。可證明前帳就是辰年會計歷。

　　⑦ 同(朱書)。池田氏録文脱漏。法國國家圖書館研究者指出: 文書原卷有朱書"同"字,但已"不容易看得了"。

　　⑧ 謙(縫背簽署)。池田氏録文指出: "印文不鮮明"。法國國家圖

87

書館研究者指出："謙"字"用黑墨水寫的"。

⑨ 貳拾玖碩壹䤩豆㲲。池田氏録文脱"豆"字。

⑩ 麥䤴(?)。池田氏録文作麥"䤴",文書顯微膠卷漫漶難辨。我認爲"麥"下可能是"㲲"字。

⑪ 同(朱書)。池田氏録文脱此字。法國國家圖書館研究者指出：原文書有朱書"同"字。

⑫ 勝柒。法國國家圖書館研究者指出：此二字"用墨水寫的"。

⑬ 同(朱書)。法國國家圖書館研究者指出：文書原卷有朱書"同"字,池田氏録文脱漏。

⑭ 同(朱書)。法國國家圖書館研究者指出：文書原卷有朱書"同"字,池田氏録文脱漏。

按：池田氏注文,照抄如下：第三行：伍、壹,用朱點抹消。第六行：捌、柒,用朱點抹消。第二十三行：壹、捌、伍,以上三字用朱點抹消。第二十五行：捌、玖、伍、伍,以上四字用朱點抹消。第三十七行：叁,用朱圈抹消。

(五)《吐蕃巳年(789)沙州倉曹會計歷》(伯三四四六背)

······································謙①

1	同 叁勝玖合伍勺藪　　同 貳拾玖碩壹䤩豆㲲
2	同 貳碩伍䤩貳勝叁合伍勺麥㲲　　同 伍碩叁䤩 白皮㲲
3	同 叁碩燋麥　　同 貳碩肆䤩壹勝柒合陸勺戲②
4	同 肆拾叁碩玖䤩肆勝肆合叁勺草子
5	同 壹阡壹伯陸拾玖貫柒伯叁拾文錢

計同，謙

6 伍阡叁拾碩捌㪷肆勝貳合，新加附

       同

7   貳阡伍伯叁拾陸碩玖㪷玖勝麥

       同   同

8   壹拾捌碩柒㪷捌勝大麥   玖碩壹㪷豆

       同

9   壹伯伍拾玖碩貳㪷壹勝粟

       同

10   柒碩捌㪷捌勝蓽豆

       同   同

11   叁拾玖碩肆㪷玖勝麨   壹拾肆碩壹㪷米

       同   同

12   壹碩叁㪷紅藍   肆拾玖碩肆㪷床

       同   同

13   柒拾玖碩白麵   壹阡貳拾玖碩壹㪷叁勝雜麵

       同   同

14   壹碩壹㪷伍勝麨麵   壹拾捌碩柒㪷貳勝伍
       合麵

··謙③

       同   同

15   壹阡叁拾肆碩伍㪷草子   貳拾壹碩叁㪷油

       同   □

16   壹拾捌碩柒㪷捌勝柒合豆麥麵

會案同，謙

17 壹阡叁拾叁碩伍㪷草子毛璘張④翻下打得納

會案歷同，謙

18 壹阡伍伯叁拾叁碩伍㪷貳勝青麥   正月十三日瓜州
    般到納附

       會案同

19   壹阡肆伯柒拾肆碩柒㪷捌勝李清下

```
                      會歷同
20          伍拾捌碩柒蚪肆勝李庭興下

              卅九石三斗四升,三月十四日。八石三斗,
                 五月十五日。一石一斗,六月十五日。
21 壹碩草子   百姓折欠馬踏納
              同            同            同
22          張元暉伍勝   宋朝俊貳蚪   宋重圀肆蚪
              同
23          賀進朝叁蚪
24 貳伯肆拾碩陸蚪貳勝覆剩斛蚪附
              同                    同
25          伍拾貳碩肆勝麥   壹拾肆碩陸蚪捌勝大麥
              同                    同
26          壹伯肆拾伍碩叁蚪叁勝粟   玖碩壹蚪豆
              同                    同
27          陸碩肆蚪叁勝蓽豆   壹碩叁蚪肆勝□□
              同
28          壹拾壹碩柒蚪⑤□  □⑥伍勝油
```

校注:

① 池田温氏録文作"㒭",法國國家圖書館研究者指出:此字是"用黑墨水寫的"。

② 池田氏録文作"戲",應作"戲"。

③ 池田温氏録文,在此字下注云:"印文不鮮明。"法國國家圖書館研究者指出:"此字是用黑墨水寫的。"

④ 池田温氏録文作"咽"。法國國家圖書館研究者指出:原文書作"翻",並說:這是左景權先生辨識出來的。

⑤ 法國國家圖書館研究者指出:原文書上此處乃一窟窿。

⑥ 文書顯微膠卷漫漶難識,此三字據池田温氏録文逐録。

（乙）吐蕃貴族統治沙州時期五件財務文書所載勾帳式實行情況的分析

上文整理的五件財務文書所載每一項帳目的右側有朱筆寫的"會案同，謙"，或"會歷同，謙"，或"會案歷同，謙"，或"准前同，謙"，或"同"等等字句。我認爲這些都是在勾檢制下勾帳式實行的標誌，也就是勾官勾檢時的批語或批語的省文。

《吐蕃辰年沙州倉曹會計歷》［伯二七六三背（一）］上的第五行"一十九碩四斗"右側，有"會案同，謙"一句。此句中的"會"意爲"計會""計算""核計"。"案"字的涵義可據以下引文加以解釋。

《唐六典》一《尚書都省》"左右司郎中員外郎之職"條略云：

> 凡内外百司所受之事，皆印其發日，爲之程限。
>
> 中事十日。謂須檢覆前案及有所勘問者。
>
> 獄案三十日。謂徒已上辨定須斷結者。
>
> 凡尚書省施行制敕，案成，則給（興按，《舊唐書》四三《職官志·尚書都省》"給"下有"程"字）以鈔之。
>
> 凡文案既成，勾司行朱訖，皆書其上端，記年月日，納諸庫。

據上引，案即文案，就是官府中處理事件按一定格式的記錄，也就是官府中處理事件的檔案材料。在敦煌資料的官府文書上，常有"檢案""檢案連如前"這樣用語，"檢案"就是檢視與目前要處理事件有關的文案。這類文案有一個官府内部使用的，也有收自其它官府的。内部使用的格式之一就是牒和牒的批示。兹舉一例：

《唐天寶九載(750)八月至九月敦煌郡倉納穀牒》十六件（伯二八〇三背），茲迻錄一件如下：

1　郡倉　　　　　　　　　　　"勘　交　同。謙"
2　　　六日,納敦煌縣百姓天九二分稅小麥二伯捌碩,入
　　　　　北行從東第玖眼。又納洪池鄉種子粟貳伯碩,
　　　　　入東行從南
3　　　第一眼。空。"陸　日　謙。"
4　牒　件　狀　如　前。謹　牒。
5　　　　　　　天寶九載九月六日　史索秀玉牒
6　　　　　　　　　倉督張假
7　　　　　　　　主簿攝司倉蘇汪
8　　　　　　　司馬　呂隨仙
9　　　　　　　　長史　姚光庭

從一行"郡倉"起到九行"長史姚光庭"是一件一個官府内部(交河郡内部)牒的形式的文集。

伯二七六三背(一)這件會計歷上,"會案同,謙"四字寫在"壹拾玖碩肆圖,諸人貸便應在"一行右側,意思是這項貸於諸人的一十九碩四斗,在相關的文案上已有記載,經過勾檢,與以前的帳上記載兩相計會比核相同。"謙"即倉曾參軍楊恒謙的署名。根據這樣解釋,"會案同"一語具有勾檢性質,署名的楊恒謙應是勾官。但據《唐六典》三〇《州縣官》、《舊唐書》四四《職官志》、《新唐書》四九下《百官志》,州倉曹參軍並無勾檢的職能,而上鎮的倉曹參軍是勾官。我於上文已推測,吐蕃貴族統治沙州,有類軍事管制,州的倉曹參軍與唐上鎮者類似,執行勾官的職能。

根據以上論述,"會案同,謙"是在勾檢制下勾帳式實行的

記録。楊恒謙是勾檢者,他把這件會計歷上這一筆帳與有關的文案上的記載計算比核,這就是勾檢,結果兩者相同,因而署名,表示已勾檢過了,無誤。上文引《唐六典》一所説的"凡文案既成,勾司行朱訖",而"會案同,謙"四字正是朱筆所書,與"行朱"性質相同。會計歷也是文案。

這件文書第六行:"壹拾柒碩肆斚麥"七字右側的"同"字,"貳碩粟"右側的"同"字,都是"會案同,謙"的省文。此後八、九、十一、十二、十三、十四行六筆帳的右側的"准前同,謙",與"會案同,謙"的意思相同。"准前"意爲按前一筆帳已會案了。第十行兩筆帳的右側的"同"字,即第九行"准前同"的省文。

這件文書開端四行五筆帳右側的五個"同"字,蓋承上文(已殘缺)"會案同,謙",或"准前同,謙"這一類短句的省文。上文雖殘缺,但從以上分析第五行以後的情況可以推知。又,第三行"肆拾叁碩玖斚肆合叁勺草子"一句的"斚""肆"二字之間右側的"四升"二字,應是勾檢者所加。蓋與有關文案計會比核,查出"玖斚"下"肆合"上脱漏"四升"二字。這也是勾檢的結果。

《吐蕃巳年七月沙州倉曹典趙瓊璋上勾覆所牒》〔伯二七六三背(二)〕,這一文書的開端四行五筆帳的右側各有"同"字,蓋承上文(已殘缺)的"會案同,謙"或"准前同,謙"這類語句的省文。這據前一段的分析可以推知。

《吐蕃午年三月沙州倉曹典趙瓊璋牒》〔伯二七六三背(三)〕,這一文書第五行"三石八斗"右側有"會案同,謙"四字,其後七、八、九、十一、十三行上端右側書"准前同,謙"四處。同時,自五行至十四行的右側書"同"字十八處。這些都同與前文對伯二七六三背(一)文書的分析,不再重述。

這件文書第二行"斛斗卅二石二斗四升"右側有"□同，謙"，據伯二七六三背（四）文書第二行右側的"計同□"，"同"上缺一字應填"計"，即"計同，謙"。"計"與"會"義同。此下第三、四行右側有"同"字六處，應是"計同，謙"的省文。

《吐蕃巳年沙州倉曹上勾覆所會計歷》[伯二七六三背（四）、伯二六五四背]，這一文書第二行"新舊斛斗錢惣玖阡叄伯叄拾碩貫"右側朱書"計同□"，據以上兩件文書上的"會案同，謙"等及這件文書縫背押署"謙"字，"計同"下缺一字應填"謙"。此後四至二十二行右側的二十七個朱書"同"字，都是"計同"的省文。二行"叄拾"右側的朱書"壹"字，似爲"叄拾"下應補的"壹"字，勾檢者檢出應作"叄拾壹"，而原來帳目作"叄拾"，故補"壹"字。文書三行"伍"的左側有注銷號，右側有朱書"叄"字，"壹"的左側有注銷號，右側有朱書"玖"字。這顯然是勾檢者勾出"伍""壹"皆誤，應注銷，並改爲"叄""玖"。六行的"捌""柒"的左側有注銷號，右側有朱書"玖""陸"二字，與上述三行的情況同。六行"陸勝"右側稍下有朱書"七合"二字，這是勾檢者勾出"陸勝"下脱"七合"二字，因而補書的。

這一文書第二十三行有朱書下列一句：

肆阡貳伯玖拾貳碩貫零柒斗叄勝柒合玖勺柒伯叄拾
文應見在前帳

其右側有"會辰年十二月卅日□□同，謙"一句。本文開端部分曾考證伯二七六三背（一）文書爲《吐蕃辰年沙州倉曹會計歷》，這一會計歷對《巳年沙州倉曹上勾覆所會計歷》來説，應是前帳，因辰年爲巳年的前一年。據此，"十二月卅日"下缺二字，應填"前帳"。由於這一行記載："肆阡貳伯玖拾貳碩貫"云云應在前帳，因而勾檢者查對前帳，結果相同，故署"謙"，謙即楊恒謙,勾官也。此下二十四行至四十二行的朱書二十七個"同"字,都是"會辰年十二月卅日前帳同,謙"的省文。

這件文書第二十三行的"捌""伍"的左側有注銷號,右側有朱書"柒""叁"兩字,這是勾檢者勾出"捌""伍"乃計算錯誤,因而注銷,並代之以"柒""叁"。文書第二十五行"捌""玖""伍""伍"左側有注銷號,右側有朱書"玖""肆""陸"三字,與上述分析同。惟"玖"字左側有注銷號,而右側再無數字,蓋"玖"字爲衍文,注銷即刪去。此行下端右側有朱書"伍合"二字,亦爲勾檢者所加,由於經過計會,"陸勝"下脫"伍合",乃補之。文書第三十七行"叁"字左側有注銷號,蓋計算有誤,右側有朱書"肆"字以代替。上述種種,都是勾檢的結果和標誌,所以都是朱書。

《吐蕃巳年沙州倉曹會計歷》(伯三四四六背),這一文書一至五行右側有朱書八個"同"字,根據上述四件文書的體例,這些"同"字乃承上文"計同"或"會案同"等的省文。由此也可推知,文書第一行之前的部分已殘缺。文書第六行朱書的"計同,謙",上文已解釋。此後七至十六行有朱書十七個"同"字,都是"計同,謙"的省文。文書第十七行的"會案同,謙",上文已解釋。文書第十八行的"會案歷同,謙","案"即"文案","歷"即"帳案","謙"即楊恒謙。這一短句的意思是:楊恒謙根據與此會計歷有關的文案、帳歷,比核勾檢此會計歷,結果是:一千五百三十三碩五斗二升青麥這一筆帳完全相同無誤,因而署名。文書第十九行朱書的"會案同",上文已解釋。文書第二十行朱書的"會歷同"及第二十一行朱書的"會歷同,謙",上文已解釋。文書第二十一行右側的"卅九石三斗四升,三月十四日。八石三斗,五月十五日。一石一斗,六月十五日。”一段，是第二十行“伍拾捌碩柒蚪肆勝李庭興下”的三個細目，即李庭興在三月十四日納卅九石三斗四升，五月十五日納八石三斗，六月十五日納一石一斗，共納五十八碩七斗四升。按文書記載體例，應寫在第二十行的右側，不知何以寫在第二十行的左側了？

文書第二十二行及二十三行右側的朱書四個“同”字，都是二十一行“會歷同，謙”的省文。文書第二十二行、二十三行的四筆帳是第二十一行“壹碩草子”的細目。但四筆帳的總數只是九斗五升，比一碩少五升，勾檢者並未指出，不知何故？文書第二十四行右側有相當四個字的空缺，這應是“會歷同，謙”四個的位置。此下第二十五行至二十八行的朱書七個“同”字，都是“會歷同，謙”的省文。

歸納以上分析，提出下列意見：

甲、上述五件財務文書上每行右側朱書的字句是勾官實行勾帳式進行勾檢的記錄和結果。會計歷爲勾官所造，是年終勾帳的基礎。

乙、表示勾檢結果的朱書短句有：

（1）會案同，謙

（2）計同，謙

（3）會歷同，謙

（4）會案歷同，謙

（5）准前同，謙

短句開端的“會”“計”意爲計會、核算或檢比。“准前同，謙”是前四個短句的代用句，“同”是上述短句的省文。

丙、勾檢短句或它的代用句或它的省文都寫在被勾檢的數目字的並列右側。

丁、勾檢出來的差錯數字,其左側畫注銷號,其右側書寫改正數字,脫漏應補的數字則寫在它應在位置的右側。

從這五件財務文書所載勾檢字句總結出來的上述四點,應是勾帳式的內容和規定,應適用於勾檢所有帳歷以及具有帳歷性質的牒、狀等。

(丙)《唐天寶九載(750)八月、九月敦煌郡倉納穀牒》(伯二八○三背)所載勾檢字句的分析

敦煌郡倉納穀牒共十六件,其中十一件上載有勾檢字句。因勾檢字句係朱書,在文書的顯微膠卷上顯示不出來,下列朱書都據池田温氏錄文(見《中國古代籍帳研究》)。茲依次抄錄如下:

I

(前缺)

1	敦煌縣	狀上
2	合今載應納種子粟壹萬貳阡貳伯捌拾伍碩玖斗叁勝	
3	洪池鄉	柒伯壹拾陸碩壹斗壹勝陸合玖勺
4	玉關鄉	壹阡肆拾壹碩肆斗貳勝玖合捌勺
5	効穀鄉	玖伯玖碩肆斗貳勝捌合捌勺
6	洪閏鄉	壹阡叁伯肆拾貳碩玖斗伍勝柒合
7	懸泉鄉	壹阡伍伯壹碩陸斗玖勝陸合
8	慈惠鄉	壹阡柒碩陸斗柒勝
9	從化鄉	叁伯陸拾伍碩貳斗壹勝
10	敦煌鄉	玖伯貳碩捌斗貳合肆勺
11	莫高鄉	捌伯柒碩伍斗叁勝玖合
12	龍勒鄉	陸伯貳拾柒碩玖斗柒勝

13　　神沙鄉　玖伯貳拾壹碩玖勝伍合一勺

・・・・・・・・謙・・・・・・・・・・・・・・・・・・・・・・・・・・・・・・・・・

14　　平康鄉　壹阡壹伯肆拾柒碩叁斗肆勝伍合

15　　壽昌鄉　玖伯玖拾肆碩陸斗柒勝

16 牒　件　狀　如　前，謹牒

17　　　天寶九載八月廿七日史　楊元暉　牒

18　　　　　　　　　　録事薛有朗

19　　　　　　　　宣德郎行尉程鹽械

20　　廿　七　日，謙

　　　　Ⅱ

1 郡倉

2　廿八日，納敦煌縣百姓天九二分稅青麥叁拾貳碩、
　　豌豆壹伯玖拾肆碩、床壹伯肆碩、粟陸伯貳拾

3　捌碩。已上計玖伯伍拾捌碩。　又納百姓和糴粟壹伯
　　貳拾伍碩貳斗叁勝。貳拾貳碩徐仁素納。壹拾肆碩徐
　　孝順納。玖碩叁斗張思貞納。

4　捌碩彭仁俊納。王元曜壹拾肆碩。王懷玉陸碩。張懷感
　　肆碩陸斗。張阿樹叁碩壹斗。張文盛肆碩叁斗。宋嗣
　　嘉貳拾叁碩貳斗叁勝。張懷欽肆碩柒斗。張君恪肆碩。

5　索思亮肆碩。薛來太肆碩。空

勘同前

6　同日　出青麥叁拾貳碩、豌豆壹伯貳拾捌碩、床柒
　　拾貳碩、粟柒伯陸拾捌碩。已上計壹阡碩。

7　付縣使送冷泉等五戍，充馬料。空

8 牒　件　狀　如　前，謹　牒

9　　　天寶九載八月廿八日　史索秀玉牒

10　　　　　　　　　史陰韶隱

11　貳拾捌日謙　　　　司倉參軍潘仲丘

12　　　　　　　　司馬呂隨仙

13　　　　　　　　長史姚光庭

　　　Ⅳ

1郡倉

2　肆日　納百姓宋希盛和籴粟貳拾肆碩、梁思貞粟貳
　　拾貳碩、曹思禮粟肆碩捌㪷。（以下三至二十四
　　行的記載都是納粟人姓名和納粟數量。皆從略）

25　宋外生粟肆碩捌㪷、王桃花粟壹碩貳㪷、宋承業粟
　　貳碩、任思禮粟肆碩捌㪷、張神楚

同，謙

26　粟貳碩、任郎郎粟叁碩貳㪷、張處彥粟貳拾陸碩。已上都
　　計粟壹阡柒拾陸碩，並和籴入東行從

27　南第一眼。空

28　　伍　日　謙

29　牒件狀如前，謹牒

‥‥‥‥‥謙‥‥‥‥‥‥‥‥‥‥‥‥‥縫背署汪

30　　　天寶九載九月四日　史索秀玉牒

31　　　　　　　　史陰韶隱

32　　　　　　　倉督張假

33　　　　　　主簿攝司倉蘇汪

34　　　　　司　馬　呂隨仙

35　　　　　長　　史　姚光庭

　　　Ⅵ

1　郡倉

2　　六日　納敦煌縣百姓天九二分稅小麥貳伯捌碩，

勘 交 同,謙

入北行從東第玖眼。又納洪池鄉種子粟貳伯
碩,入東行從南

3 　第一眼。空　陸　日　謙

4 牒　件　狀　如　前,謹牒

5 　　　　天寶九載九月六日史索秀玉牒

6 　　　　　　　倉督張假

7 　　　　　　主簿攝司倉蘇汪

8 　　　　　　司　馬　呂隨仙

9 　　　　　　　長　　史　姚光庭

　　Ⅸ

1 郡倉

2 　玖日　納百姓索重曜和籴粟叄拾貳碩、任法連粟
　　捌斛叄勝、宋仁珪粟壹碩壹斛柒勝,宋蒙暉粟

3 　叄碩貳斛貳勝、薛爲宰粟壹拾貳碩、宋名惄粟
　　貳拾肆碩、薛貞嗣粟叄拾碩、薛香香粟捌碩、

會 歷 同,謙

4 薛大慶粟捌碩、薛懷璟粟貳碩。已上計粟壹伯貳
　拾壹碩貳斛貳勝,入東行從南第一眼

會 歷 同,謙

5 　同日　納百姓索鶴舉和籴床壹拾陸碩,翟鴻惄床
　壹拾捌碩。已上計床叄拾肆碩,入北行從東第五眼。

6 牒　件　狀　如　前,謹牒

7 　　　　天寶九載九月九日史索秀玉牒

8 　　　　　　　倉督張假

9 　玖　日　謙　　　　　主簿攝司倉蘇汪

100

10	司　馬　呂隨仙
11	長　史　姚光庭

X

1　郡倉

2　拾壹日　百姓馬崇珎和籴粟捌碩、曹英峻粟壹拾
　　陸碩、張守業粟肆碩、張忠璟粟壹拾陸碩（以下
　　三至六行的記載都是納粟人姓名和納粟數量，
　　皆從略）

7　索鶴舉粟肆碩、更二碩。宋仁珪粟貳拾肆碩、
　　薛懷璟粟肆碩、張神楚粟壹碩貳𣁽、陰庭堅

同，謙

8　伍𣁽捌勝、陰履憲粟貳𣁽貳勝。已上粟肆伯碩，入
　　東行從南第一眼。空拾　壹　日　謙

9　牒　件　狀　如　前，謹牒

10　　　　天寶九載九月十一日史索秀玉牒

11　　　　　　　　　史陰韶隱

12　　　　　　　　　倉督張假

13　　　　　　　主簿攝司倉蘇汪

　　　·······························縫背署汪

14　　　　　　　司　馬　呂隨仙

15　　　　　　　長　史　姚光庭

XI

1　郡倉

2　拾貳日　納百姓□□□和籴粟叁拾捌碩、賀光琬粟
　　貳拾肆碩、唐思貞粟伍拾貳碩、宋思忠粟肆碩。
　　（以下三、四、五行的記載都是納粟人姓名和納粟

數量，皆從略）

同，謙

6　右都計納粟伍伯叁拾肆碩

同，　　謙

7　同日出粟叁拾肆碩，給縣令韋謨，八月廿日上後祿。空

8　牒　件　狀　如　前，謹　牒

9　　　　天寶九載九月十二日史索秀玉牒

10　　　　　　　　　史陰韶隱

11　拾貳日謙　　　　主簿攝司倉蘇汪

12　　　　　　司　馬呂隨仙

13　　　　　　長　　史姚光庭

XII

1　郡倉

2　拾叁日　納百姓種子粟肆伯碩，入東行從南第一

　　　　眼。伍拾陸碩洪池鄉。壹伯貳拾捌碩玉關鄉。捌拾碩

　　　　洪閏鄉。

勘　同，　謙

3　壹伯叁拾陸碩　効穀鄉。空　拾叁日　謙

4　牒　件　狀　如　前。謹　牒。

5　　　　天寶九載九月十三日史索秀玉牒

6　　　　　　倉督張假

7　　　　主簿攝司倉蘇汪

8　　　　　司　馬　呂隨仙

9　　　　　長　　史　姚光庭

XIII

1　郡倉

2　　　拾肆日　納敦煌縣百姓天九二分税粟叁伯壹拾
　　　　　　肆碩、床捌拾陸碩。又納百姓李元欽和籴床貳
　　　　　　拾肆碩、曹崇福床貳拾陸碩。
　　　　　　（以下三、四、五、六行記載納和糴粟人姓名和
　　　　　　納粟數量，皆從略）
　　　　　　　　　同　　　　　勘同,思
7　　　　右計納粟伍伯壹拾肆碩,入東行從南第一眼。
　　　　　　床壹伯捌拾捌碩,入北行從東第五眼。空
8　牒　件　狀　如　前,謹　牒
9　　　　　　天寶九載九月十四日史索秀玉牒
10　　　　　　　　　　　史陰韶隱
11　　　拾肆日,謙　　　主簿攝司倉蘇汪
12　　　　　　　　司　　馬　呂隨仙
13　　　　　　　　長　　史　姚光庭

　　　XV

1　郡倉
2　　　拾柒日　納種子粟肆伯碩。（以下記載洪池等八
　　　　　　個鄉所納粟數,皆從略）同日納四戌迴
3　　　殘粟貳伯捌拾貳碩。（以下記載四戌納迴殘粟
　　　　　　人姓名及所納數量,皆從略）
4　　　同日納四戌迴殘床柒拾貳碩。（以下記載四戌
　　　　　　納迴殘床人姓名及所納數量,皆從略）
5　　　又納百姓和籴床玖拾肆碩。（以下記載納床人
　　　　　　姓名及所納數量,皆從略）
6　　　又納百姓和籴粟貳伯碩。（以下及第七行記載
　　　　　　納粟人姓名及所納數量,皆從略）

103

            會歷並同,謙　　　　同,謙

8　　右都計粟捌伯捌拾貳碩,入東行從南第一眼。

          床壹伯陸拾陸碩,入北行從東第五眼。空

9　牒 件 狀 如 前 謹 牒

10　　　天寶九載九月十七日史索秀玉牒

11　　　　　　　　史陰韶隱

12 ── 拾柒日謙　　　　倉督陰庭會

13　　　　　　主簿攝司倉蘇汪

14　　　　　司　　馬　呂隨仙

15　　　　　長　　史　姚光庭

      XVI

1　郡倉　　　　同　前　　同,謙

2　拾捌日　納敦煌縣百姓天九二分稅豌豆壹拾陸

      碩。入北行從東第一眼。床貳拾碩。入北行從東第

      五眼。粟叁拾叁碩陸鬥。

3　又納百姓種子粟伍伯貳拾捌碩。(以下記載神沙

      等十二鄉納粟數量,皆從略)

4　又納百姓和籴粟 肆拾碩 (以下記載納粟人姓名及

      納粟數量,皆從略)

           並　同,謙

5　已上計粟陸伯壹碩陸鬥。入東行從南第壹眼。空

6　牒 件 狀 如 前,謹 牒

7　　　天寶九載九月十八日史索秀玉牒

8　　　　　倉督　陰庭會

(後缺)

上列十一件文書上的勾檢字句,依次抄出如下:

104

勘同前

同，謙

勘交同，謙

會歷同，謙

會歷同，謙

同，謙

同謙，謙

同，謙

勘同，謙

同

勘同，思

會歷並同，謙

同，謙

同前

同，謙

並同，謙

我確定上列十六個字句爲勾檢字句的理由是：第一，全是朱書。第二，有四個短句開端一字爲"勘"，有三個短句開端一字爲"會"。"勘"意爲校比或覆定，與勾檢義同。"會"爲勾檢短句的開端字，上文已作分析確定。其他"同""同前""並同"都意爲同與"勘同"，或同與"會歷同"，或爲"勘同""會歷同"的省文。第三、這十六個字句中有十二個短句末一字爲"謙"。這一"謙"字在十六件納穀牒上多見，如"伍日謙""陸日謙""捌日謙"等等，應是敦煌郡官員的簽署。我認爲，"謙"是敦煌郡的録事參軍，根據如下：

《唐六典》三〇《州縣官》略云：

上州：

録事參軍事一人，從七品上。

中州：

録事參軍事一人，正八品上。

下州：

録事參軍事一人，從八品上。

司録録事參軍掌付事勾稽，省署抄目，糺正非違，監守符印。

據此，録事參軍是敦煌郡的勾官，司勾檢之事，他勾檢納穀牒，寫出勾檢結果，並簽署，以示負責，這應是制度的規定。因此，在文書上的朱書短句的末一字爲“謙”，正表示此短句爲勾官謙所寫的，此短句爲勾檢短句。但“勘同，思”的“思”字則很難解釋，因郡録事參軍只一人，“思”不應是録事參軍。第四，這些勾檢字句所在的位置，如第九件納穀牒三、四行之間夾行下部的勾檢短句：“會歷同，謙”，意爲此牒上二、三行及四行上部所記和糴納粟細帳以及四行下部所記總帳和歷上所記相同，因此，“會歷同”三字乃勾官謙勾檢了和糴納粟細帳與總帳並與歷計會的結果。“會歷同，謙”四字不寫在納穀牒上其他地方，只寫在三、四行之間的下部，正表示“會歷同，謙”的勾檢性質及其勾檢範圍。五行下部右側的“會歷同，謙”乃勾官謙勾檢了此行上部所記和糴床兩筆細帳以及下部所記總帳並與歷上所記計會的結果，故寫在這一行下部的右側。第二件納穀牒上八行的下部寫“勘同前”短句，此短句所在的位置在廿八日收入帳與支出帳之間，正表示此短句乃勾檢了收入與支出的結果。“勘”意爲“勘查”，也就是勾檢。“同前”表示同前項的勾檢，但文書前部已殘。第四件納穀牒在二十五行和二十六行之間,也就是在二十六行下部"已上都計粟壹阡柒拾陸碩"的右側有朱書"同,謙","同"即第二件納穀牒上"勘同"的省文,其意爲,和勾檢第二件納穀牒一樣,勾官謙勾檢了二十六行下部所記的總帳及前此細帳。"同,謙"所在的位置在總帳與細帳之間。第六件納穀牒,在第二行記載納地稅小麥二百八碩和納種子粟二百碩的右側,有"勘交同,謙"朱書短句,意爲勾官謙勾檢的結果爲,牒上所記二百八碩小麥與實際入北行從東第九眼者以及牒上所記二百碩粟與實際入東行從南第一眼者均同。"交"意爲共或均或皆。勾檢短句正位於所勾檢者的右側。第十件納穀牒七、八行之間,也就是八行中部"計粟肆伯斛"的右側,有朱書"同,謙",乃上文"會歷同,謙"的省文。第十一件納穀牒上六行"計納粟伍伯叁拾肆碩"的右側有朱書"同,謙",第七行"出粟叁拾肆碩"的右側有朱書"同,謙",都是"會歷同,謙"的省文。第十二件納穀牒上二、三行之間有朱書"勘同,謙",意爲經過勾官謙勘覆,四個鄉納種子粟肆伯碩,牒上所記與入東行從南第一眼者相同。第十三件納穀牒上七行右側朱書"同"及"勘同,思",解釋同上文,但"思"爲何人? 不能確定。第十五件納穀牒上八行"計粟捌伯捌拾貳碩"右側朱書"會歷並同,謙",與第十件納穀牒上"會歷同,謙",意思相同;同行"床壹伯陸拾陸碩"右側朱書"同,謙",乃"會歷並同,謙"的省文。第十六件納穀牒上三處朱書"同前""同,謙""並同,謙",也都是上文"會歷並同,謙"的省文。

根據上述分析,納穀牒上的勾檢字句,也應是勾帳式文中的規定,納穀牒形式爲牒,但實際內容是帳歷,勾帳式也適用於對納穀牒的勾檢。

（丁）天寶時代兵員給粮文書所載勾檢短句的分析

《唐天寶年間北庭天山軍兵士用粮所支倉帳》(大谷三三五四號,據池田温著《中國古代籍帳研究》迻録):

（前缺）

• •

A"會□　□羅護加破卅五人,覆加八人,覆同。及。"

| 1 | 廿 | □ | 人 | 蒲 | 昌 | 縣 | 界 |
| 2 | 一 | 十 | 九 | 人 | 羅 | 護 | 鎮 | 界 |

"會柳中倉加破六人,覆會同。及"

| 3 | 七 | 人 | 柳 | 中 | 縣 | 界 |

"又郡倉支拾日,泰。貳拾肆人銀山全支。及。"

| 4 | 卅 | 四 | 人 | 天 | 山 | 縣 | 界 |

"支銀山倉,及。"

| 5 | 一 | 十 | 二 | 人 | 鸜 | 鵒 | 鎮 | 界 |

"郡倉支十五日。"

| 6 | 一 | 十 | 人 | 燒 | 炭 | 支 | 安 | 昌 | 倉 |

"會交河倉加破及□□人及同;及。二十二人,七人料倉及十日。泰。"

| 7 | 五 | 十 | 四 | 人 | 交 | 河 | 縣 | 界 |
| 8 | 六 | 人 | 白 | 水 | 鎮 | 界 |

又數内天山全支

"壹阡貳伯陸人,郡倉□支壹拾伍人,及。移拾壹人□　□叁□"

| 9 | □ | □ | 四 | 百 | 五 | 人 | 郡 | 城 | 界 |

"□及。叁拾叁人天山全支,及。壹拾捌□

　　　　□人交河倉,及。肆拾叁人,支蒲昌

　　　　□壹人支交河天山及倉。"

10　　　□奏傔兵健等破除見在惣九百九□

11　　　　□　七　人　　衙　□

12　　　　□　七　人　行官　奏(?)□

13　　　□　破　　　　　除

14　　　　　□　人應在見　　在

（後缺）

（前缺）

‥‥‥‥‥‥‥‥‥‥‥‥‥‥‥‥‥‥‥‥‥‥‥‥

　　B　　　"　　　□蒲昌倉。"

1　　　　　□　　人　蒲　昌　縣　界

　　　　"　　□陸人,柳中給訖,及。"

2　　□　人　柳　中　縣　　界

　　"交河倉支,及。"

3　　四　人　交　河　縣　　界

　　"交河倉支,及。"

4　　一　人　白　水　鎮　　界

　　"銀山支,及。"

5　　四　人　天　山　縣　　界

　　"天山倉支,及。"

6　　□　人　安　昌　倉　支

7　　　　　□　郡　城　界

8　　　　　　□　健　兒

9　　　　　　□　縣　界

109

10	⌐	界
11	⌐	界
12	⌐	界

　　（後缺）

- -

　　（前缺）

· ·

C	"⌐及。"	
1	⌐	界
2	⌐	界
3	⌐	界

　　（後缺）

　　首先應指出：上列文書每行右側的短句都是朱書，可以肯定這些短句都具有勾檢性質，都是勾檢短句。其次，這些短句中，三個短句以"會"字開端，句中又有"覆""覆會"等字句。這些字句都是勾檢性質的表現。其次，勾檢短句中的"及""泰"顯然是勾官的簽署，這兩個勾官是什麼樣身份的官員呢？按文書標題爲"唐天寶年間北庭天山軍兵士用粮所支倉帳"，據《元和郡縣圖志》四〇《隴右道下》略云：

　　　　西州，交河。

　　　　天山軍，在州城内，開元二年置。

據此，天山軍的治所在西州城内。全軍五千人屯駐西州境内（見《通鑑》二一五"唐玄宗天寶元年北庭節度使"條及胡注）。這一文書所載駐軍地區如蒲昌縣、柳中縣、天山縣、交河縣也都在西州境内。據此，文書上記載的勾檢短句中的郡倉、郡城應是交河郡郡倉和交河郡郡城。這種稱謂和語氣正表示勾官"及"和"泰"附於交河郡,由於他們是交河郡官員,故只稱郡倉、郡城,不再冠以"交河"二字。按唐官制,州郡勾官爲録事參軍,但録事參軍只一員,或爲"及",或爲"泰";另一勾官,我推測可能是倉曹參軍。本書前文所分析的吐蕃貴族佔領敦煌時期五件財務文書上,倉曹參軍行使勾官的職能,我在分析中曾指出,這可能由於吐蕃貴族的軍事統治,有類於軍事單位的"鎮",其根據爲《唐六典》三〇記載上鎮的倉曹參軍行使勾官的職能。現在看來,吐蕃貴族佔領沙州時期的州倉曹參軍爲勾官可能是襲唐舊制,也可能是臨時賦予勾檢職能。這件文書上的"及"和"泰"二勾官,其中一人爲倉曹參軍,也可能由於同樣緣故。

以下依次分析勾檢短句:

(1)"會□　□羅護加破卅五人,覆加八人,覆同。及。"

這一勾檢短句位於一、二行的右側。"會"下約缺五個字,我推測,前三字爲某一倉名,因以"會"字開端其他二勾檢短句,"會"字下都是倉名。餘二字可能是"蒲昌",因第二行爲"廿□人蒲昌縣界","破"意爲破除,從某倉的角度講,"破"就是支出。我推測,全句的意思是:勾官"及"和某倉計會,蒲昌縣和羅護鎮駐軍由某倉給粮者增加三十五人,或某倉給粮,增加蒲昌縣及羅護鎮駐軍三十五人,後經勘覆,又加八人,又勘覆,與上述決定同。最末,由勾官"及"簽署。我認爲,這四十三人(三十五人加八人)可能就是蒲昌縣和羅護鎮的全部駐軍,則第一行"廿"字下應填"四"字,即蒲昌縣駐軍二十四人。

蒲昌縣屬交河郡。關於羅護鎮,《新唐書》四〇《地理志·隴右道·伊州伊吾郡》略云:

111

納職。自縣西經獨泉、東華、西華、駝泉，渡茨其水，過神泉三百九十里有羅護守捉。

《元和郡縣圖志》四〇《隴右道下》略云：

> 伊州，伊吾。
>
> 八到：西南至西州七百三十里。
>
> 納職縣，下，東北至州一百二十里。

據此，西州交河郡在伊州伊吾郡西南七百三十里，西州交河郡在伊州納職縣西南六百一十里。羅護守捉應在納職縣西約五、六百里，應在西州與伊州交界處。羅護守捉應在羅護鎮，則羅護鎮也在西州與伊州交界處，故西州天山軍有兵員駐於此地。

(2)"會柳中倉加破六人，覆會同，及。"

這一勾檢短句位於第三行右側，意爲，勾官"及"與柳中倉計會，柳中倉增多駐柳中縣界兵員六人的給粮。又一次勘覆計會，同上決定。最末，由勾官"及"簽署。

(3)"又郡倉支拾日，泰。貳拾肆人銀山全支。及。"

這一短句位於第四行右側。短句中的銀山可能是鎮名，即銀山鎮。按《新唐書》四〇《地理志·隴右道》"西州"條略云：

> 〔自州西南〕百二十里至天山，西南入谷，經礴石磧二百二十里至銀山磧。

據此，銀山鎮當由銀山磧而得名。此勾檢短句中的銀山乃銀山鎮倉的省文。

這一勾檢短句意爲：駐在天山縣界的三十四人，由郡倉給粮十日。這是勾官"泰"的意見。另一勾官"及"則提出，三十四人中的二十四人的食粮，由銀山倉支付。這當然是郡倉給粮十日之後。

（4）"支銀山倉，及。"

這一勾檢短句位於第五行右側，意爲駐鸜鵒鎮的十二個兵員，由銀山倉給粮。最末由勾官"及"簽署。

關於鸜鵒鎮，池田温著《中國古代籍帳研究》載《唐開元一九年（731）正月—三月西州天山縣抄目》（大谷三四七六等八件文書，"抄目"乃我所擬定，池田温氏原擬爲"到來符帖目"，詳見本書上文關於"抄目"的考釋）云：

> 兵曹符，爲鸜鵒鎮官考，限來月衙，勒典齎案□□

按兵曹符爲西州都督府兵曹參軍下天山縣的符，命令天山縣的典帶着有關鸜鵒鎮官的文案，在來月衙時到府勘會。據此，鸜鵒鎮在天山縣境内。

（5）"郡倉支十五日。"

這一勾檢短句位於第六行右側，意爲燒炭的十名兵士，已決定爲安昌倉給粮，經勾檢，郡倉支付十五日粮，其餘由安昌倉支付。勾官簽署省略。

按《新唐書》四〇《地理志·隴右道》略云：

> 西州交河郡……自州西南有南平、安昌兩城。

據此，安昌鎮在交河郡治西南。安昌倉即安昌鎮倉。

（6）"會交河倉加破及□□人及同。及。二十二人，七人料倉支十日。泰。"

這一勾檢短句位於七、八行的右側。"及□□人及同。及。"，由於缺兩個字，我懷疑短句這一部分還有訛脱，短句這一部分文義難解。因此，全短句的確切意思的理解受到影響。約略的意思是：勾官泰與交河倉計會，駐在交河縣界的五十四人和駐在白水鎮的六人中，由交河倉給粮的增加二十二人，又增加七人。

白水鎮不詳,但西州圖經(伯二〇〇九號)載有白水澗道,不知白水鎮與白水澗道有關否?

又數內天山全支。

(7)"壹阡貳伯陸人,郡倉□支壹拾伍人,及。移拾壹人□ □叁□"

這一勾檢短句在"□□四百五人郡城界"的右側。

(8)"□及。叁拾叁人,天山全支。及。壹拾捌□□
　　□人交河倉。及。肆拾叁人支蒲昌
　　□壹人支天山倉。"

這一勾檢句寫於"□奏傔兵健等破除見在惣九百九□□"的右側,(7)(8)兩勾檢字句,很難解釋,於此試釋如下:第(7)句曰:天山倉支一千二百零六人,郡倉支一十五人。我懷疑"□□四百五人"的"□□"二字爲"壹阡",這樣分配,則餘一百八十四人,因此,要移十人於□□倉,另外一百七十四人的粮食支給因文書殘缺無法確定。第(8)句曰:經勾官及的勾檢,在九百九□□傔兵健中,叁拾叁人天山倉支給粮食,壹拾捌人由□□倉支給,□人由交河倉支給,肆拾叁人由蒲昌倉支給,□壹人由天山倉支給。因文書甚殘,勾檢句中數目與傔兵健總額相差較大,又同是天山倉支,爲何"叁拾叁人"與"□壹人"分開寫,我還不能解釋。(7)(8)兩勾檢句中,數目上都有問題,又因其句已殘,解釋可能不准確,有待於進一步的理解。

(9)"□□蒲昌倉。"

此短句,書於"□□人蒲昌縣界"的右側,其意爲:在蒲昌縣界的這些人粮食由蒲昌倉支給。

（10）"□□陸人柳中給訖,及。"

這勾檢短句書於"□人柳中縣界"的右側,其意爲：經過勾官及勾檢,其結果是在柳中縣界内的□人中,有□□陸人的粮食已經給完,因勾檢短句"陸"字上已殘缺,"□人"中的"□"爲何字又不可推定,多少人未給完也無法推測。

（11）"交河倉支,及。"

此短句書於"四人交河縣界"的右側,其意爲：勾官及勾檢的結果是四個在交河縣界的人其粮食由交河倉支給。

（12）"交河倉支,及。"

這一勾檢短句書於"一人白水鎮界"的右側,其意爲,經過勾官及勾檢,白水鎮界的那一個人的粮食由交河倉支給。

（13）"銀山支,及。"

書於"四人天山縣界"之後,此短句意爲：經過勾官及的勾檢,在天山縣界的四人的粮食由銀山倉支給。

（14）"天山倉支,及。"

此短句書於"□人安昌倉支"的右側,表明：安昌倉支給粮食的□人經過及的勾檢,是由天山倉支給粮食的。

以上爲對給粮文書中勾檢短句的解釋,給粮文書其性質似歷,因此,也適合於勾帳式的應用,在給粮文書中,也體現了勾帳式的具體實行情況。

（戊）敦煌吐魯番唐田制文書所載勾檢字句和勾檢標記的分析

《唐開元二九年前後西州高昌縣退田簿》及有關文書（據池田温著《中國古代籍帳研究》及小田義久主編《大谷文書集成》一逐録。凡載有勾檢字句者均逐録,未載有勾檢字句者則不録）：

Ⅰ（大谷二八五四、二八五二、二八五三號）

（前缺）

（戶）

1　□□□□□□□貳畝永業□城西拾里武城渠　東至渠
　　西至道　南□□□□□□

　　　　　　"立"

2　　壹段壹畝永業部田城西捌里白渠　東至渠　西水
　　　田　南索父羅　北司空

　　　　　　"立"

3　　壹段壹畝永業部田叁易城西拾里　東張斌　西水
　　　田　南至塞　北至渠

　　　　　　"立"

4　　壹段壹畝永業部田叁易城西拾里南魯塢　東范默奴
　　　西至渠　南至渠　北至渠

　　　　　　"立"

5　　戶張師訓剩退壹段叁畝永業部田叁易城東肆拾里柳
　　　中縣　東至渠　西至渠　南梁住　北至道

　　　　　　"立"

6　戶張阿蘇剩退壹段壹畝永業常田城西拾里武城渠
　　東至道　西張伯　南至道　北靳阿恵

　　　　　　"立"

7　　壹段叁畝永業常田城東肆拾里柳中縣屯續渠東范
　　　西至渠　南至渠　北王素

　　……………"元"………押縫"元"（以下同）…………

　　　　　　"立"

8　戶大女趙大觀死退壹段貳畝永業常田城西貳里孔進

　　　　渠　東趙住子　　西嚴君住　　南至渠　　北至渠
　　　　　　　　"立"

9　　壹段貳畝永業部田城西拾里芳其渠　　東至渠　　西
　　　　至渠　　南易田　　北麴延亮
　　　　　　　　"立"

10　　壹段壹畝永業部田城西柒里堅石渠　　東趙横　　西
　　　　至渠　　南麴悦　　北至渠
　　　　　　　　"立"

11　　户趙買子死退壹段肆拾步永業常田城西拾里武城渠
　　　　東張延　　西長地　　南張文　　北▢▢▢
　　　　　　　　"立"

12　　壹段貳拾步永業常田城西拾里武城渠　　東張文
　　　　西▢▢▢▢▢▢▢▢
　　　　　　　　"立"

13　　壹段陸拾步永業城西拾里武城▢▢▢▢▢
　　　　　　　　"立"

14　　壹段貳拾步永業桃城西拾里武城渠　　東自至　　西
　　　　至渠　　南至道　　北趙洛富
　　　　　　　　"立"

15　　壹段肆畝永業部田叁易城北貳拾里新興尉將潢
　　　　東趙龍達　　西至渠　　南亭田　　北至渠
　　　　　　　　"立"

16　　壹段貳畝永業部田叁易城西拾里南魯塢　　東至渠
　　　　西至荒　　南王儁護　　北至渠
　　　　　　　　"立"

17　　壹段壹畝永業部田叁易城西拾里南魯塢　　東至渠

117

西至渠　南至渠　北至鹵

"立"

18　　□貳畝永業部田叁易城西柒里樹石渠　東至渠

西至渠　南至道　北至渠

19　□□□□□　　　　　　　　　□□　酉至

渠　南張龍　北至渠

（後缺）

Ⅱ（大谷二三七六、二九九〇、二九九五號）

（前缺）

1　戶侯(?)□　　　　　　　□□東圖(?)海定

"园"

西張龍(?)　南田□

"同立"

2　一段貳畝□□　　　　□　西渠　圖□□□

"同立"

3　一段貳畝陸拾步□□　　　□　西渠　南圖□

"同立"

4　□貳畝陸拾步□□　　　　□東渠　西渠　圖
□

"同立"

5　□□□畝部田城南□□　　□□渠　東水田　西荒
□

（中略）

"同立"

（一）

11　□段叁畝部田城□

118

　　　　　"同立"

12　　□叚貳畝部田□

....

　　　　　"同立"

13　　一段壹畝常田□

　　　　　"同立"

14　　□□阿(?)觀死退□

　　　　　"同"

（後缺）

──────────────────

V（大谷二八六五號）

（前缺）

1　趙善忠死退

　　　　　"同雲安　會先給趙思禮訖。泰"

2　壹段壹畝永業桃城北貳里孔進渠　東至道　西自
　　至　南李□

　　　　　"同雲　安"

3　壹段壹畝永業薄田城東貳拾里柳中縣界東至渠
　　西竹未子　南至渠　　□

　　　　　"同雲　安"

4　壹段貳畝永業部田參易城東貳拾里高寧城　東至
　　荒　西至荒　南至園　□

　　　　　"同雲　安"

5　壹段壹畝永業部田參易城西五里棗樹渠　東和武
　　西骨石貞　南至道　□

　　　　　"同雲　安"

119

6　壹段壹畝永業常田城南壹里索渠　東王住海　西
　　竹蒲利　南曹奴子　☐
　　　　"同雲　安"

7　壹段貳畝永業部田城東肆拾柳中縣　東至道　西
　　辛孝忠　南至渠　北至渠

8　趙禿子死退
　　　　"同雲　安"

9　壹段貳畝永業常田城東貳里石宕渠　東張智滿
　　西至道　南杜海仁　北康阿盲

10　暮(慕)義里

11　焦敬及死退
　　　　"同雲　安"

12　壹段貳畝永業常田城西拾里☐　☐　圍范相　西
　　范申相　☐
　　　　"同雲　安"

13　☐　　　　　　　　　　　☐　西至圍　☐
（後缺）

Ⅵ（大谷四三八二號）
（前缺）
·······················元·····················（押縫縫背朱署"雲"）

1　歸化里王義質剩退
　　　　"同雲　安"
　　　　（拾）

2　壹段陸☐畮永業菜城西拾里武城渠　東☐

              "同雲　安"

3　壹段□歐困業部田城西伍里屯頭渠　東至渠　□

               "同雲　　安"

4　壹段壹畝永業部田城西柒里沙堰渠　東至渠　□

5　吕申住剩退

               "同雲　安會□□兖府田訖泰"

6　壹□貳畝永業□□壹里張渠　東吕究子　西龍沙

    子　南楊延圐　□

               "同雲　　安"

（後缺）

Ⅶ（元谷二八七〇號）

（前缺）

1　□　　　□𣪠西柒里楡樹渠　東□

2　□　□死退

               "安"

3　□□□畝永業常田城東貳拾里柳中縣　東魏禿子

    西至渠　南□

               "安"

4　壹段貳畝永業秋潢田城南伍里土營部　東至渠

    西至渠　南□

               "同雲"

（後缺）

121

Ⅷ（大谷二八七一號）

（前缺）

1　☐　　☐

　　　　　　　"安"

2　　☐　　☐永業常田城東肆拾里柳中縣　　東索禪粧

　　　西☐

　　　　　　　"安"

3　　☐　　☐永業常田城東肆拾里柳中縣　　東王波斯

　　　西☐

　　　　　　　"安"

4　　☐　　☐國永業常田城東貳拾里柳中縣界　　東益

　　　運積　　西☐

　　　　　　　"雲安"

5　　☐　　☐國永業潢田城東肆拾里柳中縣　　東至渠

　　　西☐

6　☐　　☐退

7　　☐　　☐常田城西貳里☐

8　　☐　　☐當田城☐

（後缺）

Ⅸ（大谷二八八三號）

（前缺）

　　　　　"同雲"

1　壹段壹☐

2　牒件通☐

（後缺）

Ⅺ（大谷二八六九號）

（前缺）

1　一段□

　　　"同雲　安"一會先給□

2　大女康屯勝七十八死退一段貳畝常田城西□

　　　"同雲　安"

3　　一段壹畝部田城東三里谷中渠　東至渠　西至荒

　　　□

　　　"同雲　安"

4　　一段壹畝部田城西□　　　□西至渠　南至

　　　□

　　　"同雲　安"

5　　一段壹畝部田參易□

　　　"同雲"

6　□　□死□

（後缺）

Ⅻ（大谷二八七三號）

（前缺）

1　高昌里

　　　"同雲　晏"

2　　員奉託母死退一段壹伯步常田城□

　　　"同雲　晏"

3　　一段壹畝桃城東卅里柳中縣　東張明願　西□

　　"同雲晏"

123

（後缺）

XIII（大谷二八七七號）

（前缺）

1　　一段▢

2　淨泰里

3　　大女氾小貞死退一段壹畝▢▢城西六田里亥河▢

　　　　　"同雲　安"

4　　　▢日▢

（後缺）

XIV（大谷二八七四號）

（前缺）

　　　　　"同雲　晏"

1　大女周貞勝死退一段壹畝部田城東五里左部渠　東

　　官田　西▢

2　　　　　　　　　　▢▢（城）南六里　東官田

　　　　　　西至渠　▢

3　　　　　　　　　　▢田　西▢

（後缺）

XV（旅順博物館舊藏）

（前缺）

1　　一段壹畝部田城西七里▢

2　投化里

　　　　"同雲"

3 大女張保葉剩退一段壹部田□
　　　　"同雲"
4 　一段壹畝常田城東□里柳中縣
　　　　"同雲"
5 　一段壹畝薄田城東□里柳中縣
　　　　"同雲"
6 大女康浮□死退貳畝部田□易城南五里□
　　　"同雲　會先□"
7 高□　　　□一段壹畝常囲□
8 　□一段壹畝秋潢田城南五里□
9 牒,件通當鄉開元廿九年死及剩□
（後缺）

XVI（大谷二八六七、二八七五號）
（前缺）
　　　　"同雲"
1 □□是子死退一段貳畝常田城東卅里柳中縣　東曹
　　□
　　　　"同雲"
2 　□段叁畝部田城東卅里柳中縣　東曹姜德　西□
　　　　"同雲"
3 □□(區保)詮死退壹段壹畝常田城南一里杜渠　東
　　荒□
　　　　"同雲"
4 　□段壹畝常田城西一里龍官渠　東索富□
　　　"同雲會巳上兩段先給匡保詮。泰"

125

5　　一段貳畝部田城西柒里榆樹渠　東麴歡住　□
　　　　"同雲"

6　韓思忠剩退一段貳畝部田城西五里榆樹渠東□
　　　　"同雲"

7　　一段貳畝部田城西五里榆樹渠　東官□
　　　　"同雲"

8　　一段壹畝部田城東七里左部渠　東□
　　　　"同雲"

9　　一段壹畝部田城東五里胡道渠　東□
　　　　"同雲"

10　　一段貳畝部田城□四里胡麻井渠　東□

11　牒件通當鄉□　□□件通□

12　　　　　　　□□□(開元廿)九年四月□□

─────────────────────────────

XVI(大谷二八六八號)
(前缺)

1　尚賢里戶□□
　　　　"同雲"

2　　一段壹畝壹拾□
　　　　"同雲"

3　曹屯屯　剩退一段壹畝部田城西七□
　　　　"同雲"

4　石奴奴　剩退壹段壹畝常田城東□
　　　　"同雲"

5　　一段壹畝部田城東卅里柳中縣□
　　　　"同雲"

6　　一段壹畝部田城西五里□
　　　　"同雲"
7　　一段壹畝部田城西七里□
　　　　"同雲"
8　　一段□畝棗　城東冊□
　　　　"同雲"
9　　□　□死退一段□
（後缺）

ⅩⅧ（大谷四三七七號）
（前缺）
1　　氾童子母死退一段□
　　　　"同雲"
2　　一段伍畝部田城□
　　　　"同雲　□"
3　大女辛那戒死退一段□
　　　　"同□"
4　　一段叁□
（後缺）

ⅩⅨ（大谷二八七八號）
（前缺）
1　　一段壹□
　　　　"同雲"
2　　□意死退一段貳畝□
　　　　"同雲"

3　　　　　　□圉孔進渠　東□

4　　　　　　　　　□　東馬建論(?)　□

·······································(縫?)

（後缺）

XX（大谷二八七六號）

（前缺）

1　　一段壹□

　　　　"同雲"

2　　一段貳畝部田三易城圍(?)□

　　　　"同雲"

3　　日段貳畝部田三易城西伍里□

　　　　"同雲"

（後缺）

XXⅢ（大谷二八六三號）

（前缺）

················元······（押縫　縫背朱署"□□"）

　　　　"同惟　安"

1　　一段壹畝部田城西五里屯頭　東渠　西麴仕義
　　南□

　　　　"同惟　安會先給張守訖"

2　大女白端姜一段貳畝常田城西一里杜渠　東道　西
　　渠　南史石(?)□　　□

　　　　"同惟　安"

3　　一段叄畝部田叄易城東五里左部渠　東荒　西渠

128

南劉海富　北張海富
　　"同惟　安"

4　郭奴奴剩退一段壹畝桃城西一里孔進渠　東渠　西
　　荒　南劉海富　北張海富
　　"同惟　安"

5　張醜奴死退一段半畝六十步常田城西一里左官渠
　　東胥海琮　西道　南道　北令狐武
　　"同惟　安"

6　一段柒拾步常田城南三里樊渠　東范安護　西渠
　　南渠　北張玄畝
　　"同惟　安"

7　大女趙潘師一段壹畝常田城□　　□西道　南官田
　　北孫仕恭
　　"同惟　安"

8　一段壹畝常田城東廿里柳中縣界　□　□　北至渠
　　"同惟　安"

9　一段貳畝部田城東五里左部渠　東荒　西張貞　□
　　"同惟　安"

10　　□部田城南五里蒿渠　東渠　西荒　南麴達
　　(?)□

11　　　　　□一里儿進渠　東渠　西渠　南
　　道　□

12　　　　　　□　東荒　西渠□

（後缺）

XXIV（大谷二八六二號）

1　太平鄉

2　　忠誠里

　　　　"同惟　安"

3　　戶主曹天智剩退一段壹畝薄田城東卅里柳中縣

　　　東荒　西▢

　　　　"同惟　安"

4　　一段貳畝棗城東卅里柳中縣　東還公　西至渠

　　　　▢

　　　　"同惟　安"

5　　一段壹畝捌拾步潢田折常田城東廿里▢興東至

　　　渠　西至渠　▢

　　　　"同惟　安會先給王忠順(?)訖(?)"

6　　一段貳▨常田城東壹里匡▢▢　東蔡海相　西

　　　縣令　南▢

　　　　"同惟　安"

7　　戶主曹▢▢死退一段貳畝常田城南貳里▢▢　東

　　　康禿子　西曹禮▢

　　　　"安"

　　（後缺）

_____

XXVI（大谷二八六一號）

（前缺）

‧‧‧‧‧‧‧‧‧‧‧‧‧‧‧‧‧‧‧元‧‧‧‧‧‧‧‧‧‧‧‧‧‧‧‧‧

　　　　"立"

1　　仁義里

   "同惟"

2 大女龍阿連一段壹畝常田城東三里辛渠 東魏願
  歡 西趙相龍 南渠 北索住

   "同惟"

3 一段半畝部田城東七里左部渠 東牛懷達 西
  王安德 南翟龍 北衞武□

   "同惟"

4   □常田城西十里武城渠 東□

5   □伍里田(?)□

（後缺）

XXXX（大谷二八五六號）

1 德義里

 （中略去五行）

  "會開廿六年給王道俊訖匭"

7 曹海資壹段貳畝常田城西參里□□□

8 壹段叄畝部田叄易城西柒里沙堰圉□

（後缺）

XXXXI（大谷二八五七號）

（前缺）

1 成化里

  "會先給充府田泰"

2 張調君壹段貳畝常田城北貳拾□

  "會ヽ廿ヽ六ヽ年ヽ給ヽ主ヽ"

131

3　　周恒爽壹段壹畝部田城北壹里滿□

　　（以下略去三行）

……………………（縫背署"□"）

　　（後缺）

XXXXⅢ（大谷二八五九號）

（前缺）

1　　　　　────

　　　　"先給張親仁□"

2　　　　□□田城東伍里□□□

　　（後缺）

LI（大谷二八五五號）

（前缺）

　　　　"准前年□"

1　　□二畝部田城東廿里□

2　　□□師死退一段二畝常田城北廿里□

3　　陰久託死無籍剩退六田步菜□

4　　　右件地，所由里正索□

　　　　"會先給郭□□□雲"

5　　大女史阿堆死絕退二畝常田城北廿里□

　　　　"准前□(?)給魏盲子訖雲(?)"

6　　大女車壽持出嫁絕退一畝常田城東四里石宕渠　東
　　渠　　西渠　南翟素　北渠

7　　　右件地，所由里正闞孝遷

　　（以下八至十三行從略）

根據上引,這批退田簿所載朱書勾檢字句計有:

立(十八見);

同立(八見);

同(一見);

同雲　安(十八見);

同雲　安會□□兌府田訖泰(一見);

安(五見);

同雲(三十二見);

雲安(一見);

同雲　晏(四見);

同雲　安會先給□□(一見);

同雲　會先□□(一見);

同雲　會已上兩段先給匡保詮。泰(一見);

同雲　安會先給趙守禮訖泰(一見);

同惟　安(十四見);

同惟　安會先給張守訖(一見);

同雲　□(一見);

同□(一見);

同惟　安會先給王忠順(?)訖(?)(一見);

同惟(三見);

會開廿六年給王道俊訖典(一見);

會先給充府田泰(一見);

先給張親仁園(一見);

准前年□(一見);

會先給郭奴奴訖雲(一見);

准前园(?)給麴盲子訖雲(?)(一見)。

133

最後兩個勾檢短句末一字都是"雲"字，我認爲此"雲"字就是上文"同雲　安""同雲""同雲晏"的"雲"字，勾檢短句的末一字常常是勾官的簽署，此處的"雲"字即勾官雲。上列還有兩個勾檢短句，其末一字爲"泰"，這同樣是勾官的簽署，"泰"即勾官"泰"。據此推測，上列的"立""安""惟""晏"也都是勾官的名字。

上列第六件文書開端紙縫縫背有朱署"雲"字，這是勾官"雲"的簽署，與上文推定"雲"爲勾官完全符合。據此推測，第二十三件文書開端紙縫縫背朱署"□□"，此二字應是文書行間朱書"同惟安"的"惟""安"，即二勾官的名字。

據上文分析，十七處有勾官"立"的簽署，表示這些退田的登記，已由勾官"立"勾檢過了，無誤。"同立（八見）"，表示這些退田登記、勾官"立"勾檢之後，又由另一勾官勾檢、與"立"的勾檢相同，但未署名。"同（一見）"的意思同上。"同雲安""十八見"，意爲這些退田登記，先由勾官"雲"勾檢無誤，又由勾官"安"勾檢，與"雲"的勾檢相同。

"同雲　安會先給充府田訖泰"，此勾檢短句位於"呂申住剩退壹□貳畝永業□□□□壹里張渠"一行的右側。這一勾檢短句意爲：勾官"雲""安"計會，把呂申住剩退的一段二畝永業田充當府田，並已處理。勾官泰的意見和上述處理相同，因而最後簽署。

上述勾檢短句中的"府田"可有兩種解釋：一爲高昌縣折衝府的田地。按《唐六典》三"戶部郎中員外郎"條略云：

凡天下諸州公廨田：諸軍折衝府各四頃。

則折衝府應有公廨田四頃，可簡稱爲府田。據上述文書的内容，岸頭府在高昌縣境，則高昌縣受田農民的退田，經過勾官勾檢，給予折衝府充當公廨田，是完全可能的。

二爲西州都督府的田地，據《元和郡縣圖志》四〇《隴右道下》略云：

> 西州：……〔貞觀十四年〕八月，〔侯〕君集進兵〔高昌〕破之……列其地爲西州，並置安西都護以統之。顯慶三年，改置都督府，天寶元年復爲西州。

則開元二十九年時，西州都督府仍存在。又據《唐六典》三“戶部郎中員外郎”條云：

> 中都督府二十五頃。（公廨田）①

按《新唐書》四〇《地理志》云：

> 西州交河郡中都督府。

則西州都督府可有二十五頃公廨田，可簡稱府田。高昌縣受田農民的退田，經過勾官勾檢，給予西州都督府充當公廨田，也是可能的。

“安”（五見），表示這些退田的登記，已由勾官“安”勾檢，無誤。

“同雲”（三十一見），表示這些退田登記，由勾官“雲”勾檢無誤，因而勾官“雲”署名。“雲安”（一見），表示這些退田登記，“雲”、“安”兩個勾官都勾檢過了，無誤。“同雲　晏”（四見），表示這些退田登記，先由勾官“雲”勾檢，又由勾官晏勾檢，與“雲”的勾檢相同。

“同雲安會先給□□”（一見），這一勾檢短句位於“大女康屯勝七十八死退一段貳畝常田”一行的右側。這一勾檢短句意爲：大女康屯勝死退的一段二畝常田，勾官“雲”“安”計會

---

① 編者注：“二十五”似當作“三十五”。

先給了某某,勾官某(我推測應是"泰")勾檢後,與"雲""安"的處理意見同相。勾檢短句中"先給"下脱受田者姓名和第三個勾官的署名。

"同雲 會□"(一見),這一勾檢短句位於"高□□一段壹畝常田"一行右側,其解釋類似前一勾檢短句,不過這一勾檢短句中只有兩個勾官。

"同雲 會已上兩段先給匡保詮。泰",這一勾檢短句很難解釋。爲了嚴密論證,先迻錄此短句之上的兩行如下:

　　(匡保)**"同雲"**

3 　□□詮死退壹段壹畝常田城南一里杜渠　　東園□□
　　　　　"同雲"

4 　　　一段壹畝常田城西一里左官渠　　東索富□

勾檢短句中"會已上兩段"應就是上引兩行所記兩段常田,則這一勾檢短句位於第四行的左側,勾檢短句所指爲右邊兩行的記載。這一書寫格式與勾檢短句通常書寫格式不同,勾檢短句一般書寫在它所勾檢者右側。這怎樣解釋呢? 更難於解釋的是:勾檢短句説:"會已上兩段先給匡保詮",而已上兩段田是匡保詮死退的土地。匡保詮死退的土地先給匡保詮,這是講不通的。最後,3、4兩行的右側分別有勾檢短句"同雲"。如果説 3、4 兩行的記載已爲 4 行左側的勾檢短句所勾檢,則 3、4 兩行右側分別書寫的"同雲"勾檢短句還勾檢什麽呢? 5 行右側的勾檢短句已勾檢了 3、4 兩行的記載,則 5 行的記載沒有被勾檢,這也是不可能的。這些難於解釋甚至混亂的情况,是否由於録文有誤呢? 細審《大谷文書集成》一所載大谷二八六七號文書照相圖版(三六),池田温氏的録文和小田義久氏的録文都無錯誤。我認爲有可能原文書錯了。我推測這一勾檢短句應在第五行,即"一段貳畝部田城西七里榆樹渠"
的右側,短句所勾檢的是上引記載,短句中的兩段應作貳畝,
匡保詮也是誤書,應是另一個人名。這只是推測,姑記於此,
留待進一步考證。

"同惟　安"(十三見),表示這些退田,先由勾官"惟"勾檢
過了,無誤,後又由勾官"安"勾檢,相同。

"同惟　安會先給張守訖",這一勾檢短句位於"大女白
端姜一段貳畝常田城西一里杜渠"一行的右側,意爲:白端
姜退還的一段貳畝常田,勾官"惟""安"先後勾檢無誤,並計
會已給予張守。池田溫氏在錄文後的校注說:"守,西嶋作
寺",細審這件文書的原件照相圖版(見小田義久責任編集
《大谷文書集成》一圖版三四),此字應作"寺"。按周天授二
年西州高昌縣諸堰頭等申青苗畝數佃人牒(見池田溫著《中
國古代籍帳研究》及小田義久責任編集《大谷文書集成》一)
載有"張寺貳畝佃人辛神信",退田文書中的張寺有可能就是
佃人文書中的張寺。

"同雲　□"(一見),上文有"同雲　安"和"同雲　晏",此
處"同雲"下所缺一字可能是"安"或"晏"。解釋同上文"同
雲　安"或"同雲　晏"。

"同□"(一見),按上文有"同雲",此處"同"下所缺一字,
有可能是"雲"字,解釋同上文的"同雲"。

"同惟　安會先給王忠順(?)訖(?)"(一見),這一勾檢短
句位於"一段貳畝當田城東壹里匡□□"一行的右側,意爲這
一段二畝常田,先後經過勾官"惟""安"的勾檢和計會,做出同
樣的處理,已先給予王忠順(?)。

"同惟"(三見),這一勾檢短句的解釋同上文對"同雲"的

解釋，惟勾官爲"惟"。

"會開廿六年給王道俊訖囲"（一見），按以上爲池田温氏錄文。小田義久氏錄文，"典"下有"囗"符號，意爲"典某某"，細審大谷二八五六號文書的照相圖版（見《大谷文書集成》一圖版三〇〇及大谷二八五六號文書錄文），"典"字只存上半部，以下卷紙折斷，"典"下可能有字，即典的名字。

這一勾檢短句位於"曹海資壹段貳畝常田城西叁里囗囗"一行的右側，意爲：曹海資退還的一段二畝常田，"典"某（在此處，"典"充當勾官）與有關的勾官勾檢計會，開元二十六年已給予王道俊。

"典"是縣官府辦事小吏的通稱，雖不見於《唐六典》及《舊唐書》職官志、《新唐書》百官志，但常見於吐魯番文書。如池田温著《中國古代籍帳研究》載《唐開元十九年（731）正月—三月天山縣抄目》（大谷三四七六等八件文書，此處"抄目"一名稱乃我所擬定，詳見本書上文關於"抄目"的解釋。池田温氏原擬名爲"天山縣到來符帖目"）云：

> 兵曹符，爲鸜鵒鎮官考，限來月衙，勒典賫案囗
> 功曹符，囗　　衙日到，勒本典賫案赴州事。
> 囗當縣青苗，典賫案赴州勘會事。
> 戶曹符，爲當縣青苗，勒所由典及知田人等，賫案赴州勘會事。

又如上引書載《唐天寶三—四載（744—745）交河郡高昌縣周通生、周祝子納稅抄》（大谷五八二九）三件，茲迻錄一件如下：

> 周通生納天寶叁載後限稅錢壹伯壹拾陸文，其載七月二日典魏立抄。

據此，前件文書所載三個典都是天山縣的典，後一文書所載典

是高昌縣的典。

"會先給充府田泰"（一見），這一勾檢短句位於"張調君壹段貳畝常田城北貳拾□"一行的右側，意爲張調君退還的一段二畝常田，勾官"泰"與其他勾官或有關官吏計會，授給充當府田。府田的解釋見上文。

"先給張親仁園"（一見），這一勾檢短句位於"□常田城東伍里北渠□"一行的右側，意爲某某退還的若干畝常田，經過勾官泰的勾檢，先給了張親仁。

"准前年□（一見）"，這一勾檢短句位於"□二畝部田城東廿里□"（一見）一行的右側，短句殘缺。不能知其確切意思，我推測，可能是説：某某退還的二畝部田，按前年的辦法處理。

"會先給郭奴奴訖雲"（一見），這一勾檢短句位於"大女史阿堆死絕退二畝常田城北廿里□"一行的右側，意爲史阿堆死絕退的二畝常田，勾官"雲"與其他勾官或有關官吏計會，已先給了郭奴奴。

"准前囝（?）給麴盲子訖雲（?）"（一見），這一勾檢短句位於"大女車壽持出嫁絕退一畝常田城東四里石宕渠"一行的右側，意爲車壽持退還的一畝常田已准前（即上文所説的勾官"雲"與其他勾官或有關官吏計會）先給了麴盲子。

《開元二十九年前後西州高昌縣退田簿》上所載勾檢字句解釋如上。勾檢短句中"先給"的"先"指每年冬季授田之先。退田簿是爲了冬季授田使用的。里正造簿送縣，由勾官勾檢，把退田已給人的指出，這些田地已有了新主，不能再授給別人。又上文指出的縫背朱署"雲"字（第四件文書開端），相同的還有第十八件文書開端縫背朱署雲□，第二十二件文書開端縫背朱署□。由勾官在文書紙縫縫背署名，這應該是勾檢制的規定，這種規定也可能是勾帳式的内容之一。

(己)《唐西州高昌縣授田簿》所載勾檢字句的分析

《唐西州高昌縣授田簿》載於《吐魯番出土文書》第六册。原編者説明：授田簿出土於阿斯塔那四二號墓。此墓出有唐永徽二年杜相墓誌一方和龍朔三年殘書札一件，還有一件没有紀年的文書。據此，此授田簿的年代大約爲唐高宗在位的前期。關於此授田簿所屬的地區，原編者説："本件所記城東酒泉、高寧，城北新興等地名，及城西胡麻井、神石，城南白地等渠名，皆屬高昌縣。故此件應是高昌縣授田簿。"這件高昌縣授田簿由二十九件殘文書組成，兹依次逐録如下：

（一）

（前缺）

1 _____神石渠　東道　西何娑　南

　史□____

2 □□□國部田　城東五里左部渠　東王胡　西高相

　南渠　北□□

3 　　右給得史阿伯仁部田六畝穆石；充同□____

4 一段一畝部田　城南五里白地□____

5 一段一畝部田　城西五里神石渠□____

6 □叚一畝部田　城東五里部渠[一]　東王胡　西高

　相　南渠　北□□

7 　　右給得史阿伯仁部田叁畝孫祐住充分同□____

8 　　　　____掐柒畝

9 　　　____圍折常田二畝城北卅里新興馬帳

史黃(潢)　東荒　西荒　南竹捉
□□□〔二〕

10　　　右給孫祐住充分　同觀〔三〕　M
11　□叚一畝常田　城東卅里高寧渠□□□
12　一段三畝常田　城東卅里酒泉□□□
13　　　□給得圍烏破門陶□□

（後缺）

65TAM42：54

（二）
（前缺）

1　　　□□□酉洛充分
2　　　□□□五畝
3　　　□□□□□□□高寧宋(?)渠　東□舉　西渠
　　　南渠　北荒
4　　　□給魏酉洛充分　同觀　□□
5　□叚四畝常田　城東廿里高寧宋渠　東趙伯　西渠
　　　南康　□□
6　　　右給穆苟□□□　□□
7　一段二畝部田　城南五里□□□
8　一段二畝部田　城西五里神石園□□□
9　□叚二畝部田　城東五里左部渠　東石陁　西曹祐
　　　南勒曹〔四〕□□□
10　　　右給穆苟苟充分　同觀　□□
11　□□□□□□□高渠　東渠　西曹勖□
12　□□□□　城西五里神石渠　東康陁　西曹阳　南
　　　□□

141

・・・・・・・・・

13　□□□畝部田　城東五里左部渠，東石陁　西曹祐
　　南曹勒　北□□

14　　　　　右給魏酉涾□□　同觀□□

15　□女索看移户常□□□

16　　一段二畝常田　城東卅里酒園□□□

17　　□□二畝常田　城南二里杜渠　東陳寺　西渠
　　　南員海祐　□□

18　　□□□□部田　城南五里白地渠　東荒　西渠
　　　南園□□

（後缺）

65TAM42：87,55

（三）

（前缺）

1　　　右給曹破褥充分　同□□

2　□□□□城東廿里酒泉璞渠　東龍憙洛　西渠
　　南圕□□

3　　　□□圕破褥充分　同觀　□

・・

4　□□□□□貓仁　西李酉海　南田
　　祀足　北圁

5　　　□□□分　同　觀　亮

6　□□□圕城東廿里酒泉璞渠　東孟明住　西荒
　　南曹醜子

7　□□

　　　右給郭定武充分　同觀　□

8 ▭▭▭▭酒泉瓅渠　東渠　西道　南▭

9 □□□□□□□□充分　▭

65TAM42：56

（四）

（前缺）

1　　　　右給李海伯充分　同　觀　囸

2　一段二畝常田　城東廿里酒泉瓅渠　東渠　西高善
　　守　南脾豐　▭

3　　　　右給李慶憙充分　同　觀　▭

4　一段二畝常田　城東廿里酒泉瓅渠　東張海明　西
　　白隆仁　南▭

5　　□給李慶憙充分　同　觀　▭

6　▭▭▭▭里酒泉瓅渠　東李慶憙　西渠
　　　　▭

7　　　　右給白隆仁充分　同　觀　▭

8　▭▭▭▭　東呂扯子　西道　南
　　還公　北囸

9　　　　▭▭▭　同　觀　𢙢

10　▭▭▭▭東還公　西道　南劉申
　　海　北▭

11　　　▭▭▭播充分　同　觀　亮

12　▭▭▭▭里酒泉瓅渠　東還公　西盇憧憙
　　囵▭

13　　　　右給白海相充分　同　觀　▭

（後缺）

65TAM42：61，57

（五）

（前缺）

1 ＿＿＿＿＿＿半部田六畝　　　常田□＿

2 ＿＿＿＿＿常田　城東卅里酒泉辛渠　東田多　西渠
　　南□＿

---

3 ＿＿＿＿＿＿＿＿渠　東魏師　西渠　南張
　　欽□＿

4 ＿＿＿＿＿＿＿左部渠　東魏師　西竹好　南張
　　行　北□＿

5 ＿＿＿＿＿＿＿西張和　南高奴　北圛

6 　　＿＿＿＿＿分　同　觀　彪

7 　＿＿＿＿

8 ＿＿＿＿＿部田　城南五里白地渠　東王覺　西趙子
　　南渠　□＿

9 ＿＿＿＿＿＿丑里神石渠　東荒　西渠　南張
　　＿＿＿＿

10 ＿＿＿＿＿＿左部渠　東道　西□＿

（後缺）

65TAM42：58

（六）

（前缺）

1 　一段一畝常田　城東廿里酒泉辛園　□＿

2 　　　右給蘇願歡充□　□＿

3 　一段二畝常田　城東廿里酒泉辛渠　□＿

4 　　　右給万歡慶□□　□＿

144

5 　　　　　常田　城東廿里酒〔五〕辛渠　東闉

6 　　　□給秦□課□□

7 一段一畝常田　城東廿里酒泉辛闉

8 　　　右給康懷住充□

9 一段四畝常田　城東廿里酒泉辛渠

10 　　　右給康迦衛充分

（後缺）

65TAM42：50

（七）

（前缺）

1 　　　　　囝部渠　東張花　西

2 　　　□給員何漏充分　同觀

3 　　　□田　囻西五里胡麻　渠　東張花　西左延

　　海　南荒

4 　　　　　　西令狐醜仁　南高規　北渠

5 　　　　　　西令狐醜　南康隆

　　北闇

6 　　　　三畝郭駄子充分　同　觀

7 　　　　囿麻井渠　東張花　西左延海　南

　　荒　北荒

8 　　　　白渠　東渠　西令狐醜仁　南高規

9 　　　部田　城東五里左部渠　東張花　西令囷

10 　　　　　囷悳相圐田

（後缺）

145

65TAM42：60

（八）

（前缺）

1 _____井渠東渠　西劉師　南張□□

2 _____囩　東荒　西陰護　南麴輔
　　_____

3 _____左部渠　囩李函　西渠　南渠　北
　　_____

4 　　　右給畦寶住充分　同　觀　□□

5 左熹相移户部田九畝

6 　一段一畝部田　城西五里胡麻井渠　東張花　西
　　左延海　南囩　□□

7 _____部田　城西五里白渠　東渠　西令狐醜
　仁　南高□□

（後缺）

65TAM42：62,88

（九）

（前缺）

1 _____城西五里白渠　東荒　西渠　南道　北
　張仁

2 _____城南五里白地渠　東左保　西李鼠　南麴
　者　北渠

3 □□畝囩田　城東五里左部渠　東道　西渠　南官
　田　北史伯

4 　　　右給得康烏破門陋部田叁畝郭知德充分　同
　　　觀亮

146

（後缺）

65TAM42：63

（一〇）

（前缺）

1　　　　　右給竹苟仁充分　　同觀　　□

2　康申海位移户部田二畝

3　　一段二畝部田　城北二里□□渠　　東渠　　西荒
　　　南道　□

4　　　　　右給張充,充分

（後缺）

65TAM42：64

（一一）

（前缺）

1　　一段二畝常田　城南廿里酒泉璩渠　　東道　　西李
　　　蕳相　南□

2　　　　　右給宋赤頭充分　　同　□　　□

3　　一段一畝常田　城東廿里酒泉璩渠　　東宋赤頭
　　　西辛歡相　南龍□

4　　　　　□□李蕳相充分　　同　觀　　□

（後缺）

65TAM42：65

（一二）

（前缺）

1　□□里神□渠　東王□□　　西張伯□

2　□□部田　城東五里部渠　東石毗　　西□

3　　　　　右給翟薛知充分　　同□

147

4　白滿闍移户常部田拾畝

5　　一段二畝常田　城東卅里高寧宋渠　東蘇□□□

6　　□□□□□　　城□田里酒泉□□□□

（後缺）

65TAM42：66

（一三）

（前缺）

1　　□□□□□　　城東廿里酒園㳇城部　東高
　　　□□□

2　　一段二畝部田　城東卅里高寧北部渠　東道□□□

3　　　　右給蘇願歡囝□　□□□

4　　一段六畝部田　城東卅里酒泉莎城部　　□□

（後缺）

65TAM42：67

（一四）

（前缺）

1　　□□□部田　城南五里白地渠　東左保　西李
　　鼠　南□□

2　　□□□部田　城東五里左部渠　東道西渠　南
　　官田　□□□

3　　　　□□□園烏破門陁部田二畝□□□□

（後缺）

65TAM42：68

（一五）

（前缺）

1　　□□□□□　城東卅里高寧水(?)牠□□

148

2　　一段一畝部田　城東卅里高寧北部渠　東▢▢▢▢

3　　一段一畝部田　城南五里白地渠　東渠▢▢▢

4　　一段一畝部田　城西五里神石渠　東▢▢▢▢

5　　▢▢▢▢國部田　城東五里左部渠　東▢▢▢▢

6　　　　右給汜渠憲仁充分▢▢▢

（後缺）

65TAM42：69

（一六）

（前缺）

1　　▢▢▢▢▢□田　城東五里左部渠　東道西渠

　　　▢▢▢

2　　　　　　　▢▢▢▢▢▢分同　觀　　觀

　▢▢▢▢▢▢▢

3　　　▢▢▢▢▢▢▢　西翟文達　南渠　北劉相德

4　　　▢▢▢▢當田　城□□□□泉璨渠　東翟默仁

　　西渠　南道　▢▢▢

5　　　▢▢▢▢▢城西五里沙塢渠　東麴紹　西曹

　　　▢▢▢

（後缺）

65TAM42：72,70

（一七）

（前缺）

1　　　　□給曹破禤□□　　　▢▢▢

（後缺）

65TAM42：71/2

149

（一八）

（前缺）

1 ░░░░░░░░░░░░░明 明　西竹薗德
　　　　　　░░

2 　　　　░░░░尗分　同　░░░

（後缺）

65TAM42：71/1

（一九）

（前缺）

1 安六░░░户常部田拾畝

2 　　░░畝半常田　城北二里石宕渠　東渠
　　　　░░░

（後缺）

65TAM42：74

（二○）

（前缺）

1 ░░░░░░░圍氾崇　西康░　南孟崇
　　北麹文

2 ░░░░░░░░渠　西康延　南嚴隆
　　北渠

3 　　░░░觀住尗分　同　觀　░░

（後缺）

65TAM42：75

（二一）

（前缺）

1 ░░░░░░░░申相　西李海伯　南荒

2 〔□□□□□□〕 東侯申相　西沙　南沙　北沙
3 〔□□□□〕囤充分　同　觀　□□

（後缺）

65TAM42：76

（二二）

（前缺）

1 〔□□□□〕城東卅里高寧渠　東道　西渠

2 〔□□□□□□〕渠　囷□□

（後缺）

65TAM42：77

（二三）

（前缺）

1 〔□□□〕鄙田二畝
2 〔□□□〕鄙田　城西一里北部渠　東□□

（後缺）

65TAM42：78

（二四）

（前缺）

1 〔□□□〕田六畝白始始充分同囜□□

〔六〕

2 〔□□□□□〕東何摩　西渠　南曹宣
　　北道

（後缺）

65TAM42：79(a)，88(a)

151

（二五）

（前缺）

1　　　□□□□□□　□東廿里酒泉瓈渠　東曹莫盆　西
　　　牛海□□□□

（後缺）

65TAM42：80

（二六）

（前缺）

1　　　□□□□□□□二里孔進渠　東田海伯
　　　　　□□□□

2　　　□□□□□　圌東廿里酒泉瓈渠　東楊保救　西竹
　　　　　□□□□

（後缺）

65TAM42：81,82

（二七）

（前缺）

1　　　□□□□□□□瓈渠　東張守相　西白海伯
　　　圗□□□□

2　　　　□□□圊相充分　同　觀　□□□□

（後缺）

65TAM42：83

（二八）

（前缺）

1　　　　□□□□仁充分　同　觀　圐

2　　　□□□□□□□　東渠　西康海伯　南張漢
　　　得　□□□□

152

（後缺）

65TAM42：84

（二九）

（前缺）

1 　　　━━━━━━━━渠　東范海　西劉六南道

　　　　　━━━━━

2 　　　━━━━□充分　同　觀　圜

（後缺）

65TAM42：86

原編者注釋

〔一〕部渠：據本段第二行，"部"上脱一"左"字。

〔二〕"南竹捉"下，早期照片有"北"字，今缺。

〔三〕本件凡"同觀"兩字，均爲朱筆書寫。

〔四〕勒曹，據同段十三行，"勒曹"當是"曹勒"之誤。

〔五〕"酒"下當脱"泉"字。

〔六〕騎縫背面有"乳"押字。

據上引原編者注釋〔三〕，授田文書上"同觀"兩字都是朱書，這是勾檢字句的標誌。二十九件殘文書載有"同觀"兩字的共十八見。此外還有：

同□□（六見）；

同　觀　亮（五見）；

同　觀　M（一見）；

同　觀　乳（一見）；

同　觀　移（一見）；

同　觀　礼（二見）；

同　**牝**　☐（一見）。

"同觀"這一勾檢短句是什麼意思？首先應注意，十八個"同觀"勾檢短句都位於"右給某某充分"之下。如第二件殘文書七—十行所記，七、八、九三行記載共六畝部田，其後一行爲"右給穆苟苟充分　同　觀　☐"。右所指就是這一行右側所記的六畝部田，這也就是勾官所勾檢的具體事項。六畝部田給予穆苟苟充當他應受的口分，勾官勾檢了這一處理，認爲處理得當，因而簽注意見——"同"，並署名，表示負責。根據上述分析，"同"是勾官的意見，"觀"是勾官的署名。據本書上文關於開元二十九退田簿載勾檢短句和天寶時期天山軍兵士給粮文書載勾檢短句的分析，我在此處對"同觀"勾檢短句的分析是可以肯定的。十八個"同觀"之下都有缺字，我推測可能就是"亮""M""礼""孙"等等。

"同☐（六見）"，這六個勾檢短句也都位於"右給某某充分"之下，其解釋同上述。"同"下缺"觀"字，也可能還缺另一字。

"同　觀　亮（五見）"，"同觀"的解釋同上述。"觀"是勾官署名，"亮"也似乎是某人署名，但爲墨書，應不是勾官，"亮"的身份如何？很難推定。

"同觀　M（一見）"，"同觀"的解釋同上述。末一字也是某人的簽署，但據吐魯番土出文書第六册原編者注釋，此字也不是朱書，則署名人不是勾官。他的身份如何？無從確定。

"同　觀　**乱**"（一見），同上解釋。

"同　觀　**礼**"（二見），同上解釋。

"同　觀　**孙**"（一見），同上解釋。

"同　**牝**　☐"（一見），第二字不似"觀"，也不知是否是朱書？如朱書，雖不是"觀"，也應是勾官署名。下缺一字不知何字。

總括上述，最少我們可以確定，"同"是勾官對所勾檢者給予肯定的意見，"觀"是勾官的署名。據此，我們還可以研究《唐開元廿九年西州高昌縣給田簿》(大谷文書多件，見池田温著《中國古代籍帳研究》)所載勾檢字句，這六十四件殘文書載有下列朱書字：

昌(十見)；

戎(十二見)；

西(八見)；

城(三見)；

尚(六見)；

大(八見)；

順(四見)；

化(一見)；

歸(三見)；

平(三見)；

泰(四十一見)；

天(三十五見)；

承(一見)；

士(一見)；

人(一見)。

從"昌"至"平"十個字分別位於"給某某充"之上，而從"泰"至"人"五個字則分別位於"給某某充"之下。例如第二件殘文書(大谷一二二九、大谷二九七五)第五行：

"西"給裴祐諫充"天"

又例如第四件殘文書（大谷一二三八、大谷二六〇四）第十四行：

“戎”給義仙充“泰”

這些朱書字表示什麼？日本學者西嶋定生曾據多件吐魯番文書考出高昌縣十個鄉名及其簡略字。如“西”爲安西鄉，“尚”爲尚賢鄉，“歸”爲歸德鄉，“城”爲武城鄉，“順”爲順義鄉，“化”爲崇化鄉，“平”爲太平鄉，“戎”爲寧戎鄉，“昌”爲寧昌鄉，“大”爲寧大鄉。（見西嶋定生著《中國經濟史研究》）據此，“西”指裴祐諫居住安西鄉，“戎”指義仙居住寧戎鄉。以此類推，“給某某充”之上朱書字乃某某所居的鄉名。至於“給某某充”之下的朱書字“泰”“天”等，我推測，應是勾官的署名。這一推測的根據有二：（一）上文已分析的開元二十九年前後西州高昌縣退田簿載有勾官“泰”簽署的勾檢短句，如“會先給府田泰”、“先給張親仁泰”（上文已引）等，同在西州高昌縣，同在開元二十九年，則在同一類簿卷上簽署的兩個“泰”應爲同一人。（二）在開元二十九年西州高昌縣給田簿上，由“泰”、“天”等簽署的“給某某充”的右側都有朱點，如“給翟思□充泰”，在“思”字右側有朱點，在“給張令珣充泰”，在“令”字右側有朱點，在“給趙彥昭充天”，“彥”字右側有朱點（這一情況，下文還要詳論）。朱點是勾官勾檢的標誌。據此，在這一給田簿上，泰是高昌縣勾官的署名。由此類推，“天”“承”“士”“人”也都是高昌縣勾官的署名。但縣的勾官，按制度只有二人，即主簿和錄事（見《唐六典》三〇《州縣官》），何以在這一給田簿上署名的卻有五人？按唐勾檢制，除制度規定的勾官外，可以臨時指派有關官吏充當勾官。

按上列五個勾官中的“士”（據池田温氏錄文），小田義久氏録爲"泰",細審《大谷文書集成》一,大谷一二四一號,圖版五〇,此殘文書第三行"千順充","充"字末端已殘,"充"字右側偏下一字只殘留兩點痕迹,很難斷定是什麼字。

又按上列五個勾官中的"承"(據池田温氏録文),小田義久氏録爲"天",細審上述書大谷一二四〇號,圖版五〇,此殘文書第三行"□遠子充","子"字右側偏下一字是"天"字,清晰可辨。

又按上列五個勾官中的"人"(據池田温氏録文),小田義久氏録爲"天"。細審上述書大谷二九九四號,圖版六一,此殘文書第二行均殘,大約在第二或第三字右側,尚有朱書一捺的痕迹,作爲"人"字的一捺或作爲"天"字的一捺都可以。

作爲鄉名的簡略字如"西""戎"等等,均是朱書,這些字是誰寫的? 因爲都是朱書,可能是勾官寫的。但這些受田者所在的鄉名,縣司填寫受田者姓名時爲什麼不同時寫出,留待勾官勾檢時再寫? 勾官朱書這些鄉名的用意何在? 這兩個問題都有待進一步研究。

最後解釋第二十二件殘簿(大谷二三八五)上載的勾檢短句。兹先逐録此短句如下:

> "- - -會廿八載給賈思義重給□"

10　趙會進死退一段貳畝常田城東廿□

11　"給　尉　丈大　囙"

這一勾檢短句末所缺字,應爲勾官署名,意爲經過勾檢和有關人員計會,趙會進死退的貳畝常田,開元二十八年已給了賈思義,現在重給尉丈夫。據這一勾檢短句有上文已分析的一些勾檢短句,每年冬季給田之前,每一段要授予的田地,由勾官審核，並提出處理意見。這應是制度規定，授田之前的必要手續。

最後附帶說說大谷佃人文書所載勾檢短句。《大谷文書集成》一載大谷一〇六五號文書，據小田義久氏録文迻録如下：

（前餘白）

1 　　　□"□一畝弘寶寺"

2 　□囚姓名如前。謹牒。

（後缺）

小田義久氏在注文中説："第一行朱字。"細審圖版七二（録文及圖版均見《大谷文書集成》一），第一行確爲朱書。由於朱書，這一行應是勾官寫的，但寫這一行朱字的用意何在？無從考知。

《武則天天授二年（691）西州高昌縣諸堰頭等申青苗畝數佃人牒》（多件大谷文書，見池田温著《中國古代籍帳研究》）所載勾檢標記。

這一佃人牒包括九件大谷文書。第一件文書在畝數右側有朱勾，第二、三、四、五、六件文書同。第七件文書在畝數右側有朱點，第八、九兩件文書太殘，不能確知。兹迻録第一及第七件文書如下：

Ⅰ（大谷二三六八）

（前缺）

　　　　　　大　　　　　　　　大
1 　曹貞信貳畝自佃　陳胡子貳畝自佃　翟□□貳畝佃

　　　尚
　　人董永貞

　　　　　　　　　　　　　尚
2 　□□子貳畝佃人董永貞　馬英連貳畝佃人張滿住

3　□□護叁畝佃人骨惡是(?)　康鼠子貳畝佃人康令子

4　□□進貳畝佃人張滿住　王緒仁壹畝佃人張滿住
"半"

5　嚴君君貳畝自佃　趙盲盲?肆畝自佃　何阿谷盆貳畝

佃人何元□

6　安(?)□信貳畝佃人何元師　范住住貳畝自佃趙才

仁貳

7　□佃人□苟苟　寶海住貳畝佃人蘇建隆　康父師貳畝

佃人董玄□

8　安阿祿山半畝佃人董玄護　趙定洛貳畝佃人康德集

9　□(?)德師貳畝佃人張屯子　魏歡緒肆畝佃人張屯子

10　匡海緒肆畝　匡䭾子壹畝已上佃人蘇建仁(?)

11　□□□堰,見種青苗畝數佃人,具件如前,如有□

12(?)□□□罰車馬一道遠使,謹牒。

13"□成白。八日。"天授二年　月　日堰頭骨惡是

(?)牒

••

Ⅶ(大谷三三六五)

(前缺)

1　麹□(?)通(?)一畝半自佃　泛(?)□

159

2　　楊(?)□□二畝自佃

3　　西方力子一畝自佃　宋君□□

4　十二畝二畝官　一十畝並百姓

上引兩件文書上的朱綫朱點是誰畫的？這些朱綫朱點是表示什麽的？這些朱綫朱點都畫在每一句最要緊處，即畝數右側。第一件文書第四行"王緒仁壹畝"的"畝"下左側有朱書"半"字。我認爲朱勾朱點是勾官畫的，朱畫"半"字是勾官寫的。表示佃人文書上的每一項都由勾官勾檢過，無誤，因而在畝數右側畫朱綫朱點爲標記。勾官在檢查王緒仁的田畝時，檢查出王緒仁的田地少了半畝，這可能是堰頭造文書時漏寫，因而用朱筆寫了"半"字，表示這是勾官勾檢的結果。第五件文書第三行"萬壽寺三畝""三畝"下右側有朱書"半"字，解釋同。

上述池田溫氏書還刊載另一件《武則天天授二年西州高昌縣諸堰頭等申青苗畝數佃人牒》，包括二十一件大谷文書，第一、二、八、九、一○、一一、一二、一三、一五、一六件上畝數右側都有朱綫，第五、六、七、一七件上畝數右側都有朱點。其解釋同上文。第十五件文書上"李慶熹自佃"一句右側下部有朱書"六畝"二字，這顯然是勾官寫的。勾官勾檢時發現，李慶熹名下漏寫畝數，因而用朱筆加寫了"六畝"二字。第十五件文書上，在"康粟德"的"康"字右側，"翟是是"的"翟"字右側，"□慶德"的"□"右側，都有"△"記號（見池田溫氏録文）。我細審《大谷文書集成》一，大谷一二一三號文書，圖版七四，在上述"康"字"翟"字及"□"右側，均有朱書小勾"厶"，這顯然也是勾官畫的，其用意何在？

此外,大谷一二〇九號、一二一〇號、二三六六號佃人文書,畝數右側附有朱綫(池田温氏録文)。小田義久氏在録文之前注釋説:"各行畝數附有朱綫。"這當然也是勾官所書的勾檢標記。

在大谷欠田文書上也載有相同或相類似的勾檢標記,如由大谷二八九二、二八九七、二九〇〇、二八九五號拼接的欠田簿上,在相當多的人名的第二字或末一字的右側附有朱點,如:

張仁恭

張孝感

白敬仙

李定富

等等。更值得注意的是有三處特殊標記,據池田温氏録文迻録如下:

竹小感二丁欠常田三畝,部田一畝半。

張才富二丁欠常田二畝半,部田四畝。

□□□丁欠常田二畝,部田七畝。

這三個朱色"△"不應是無用意隨意畫在文書上的,但是誰畫的?用意何在?都有待於進一步研究。

在大谷退田文書上,除上文已論述的朱書勾檢字句外,也載有朱點。如第五件(大谷二八六五)第六件(大谷四三八二)第十三件(大谷二八七七)第二十二件(大谷二八八〇),在"壹(或'一')段"之上畫有朱點。第十二件(大谷二八七三),在勾檢短句"同雲 晏"之上畫有朱點。第二十四件(大谷二八六

161

二),在勾檢短句"同惟　安"之上畫有朱點。第二十六件(大谷二八六一),在勾檢短句"同惟"之上畫有朱點。這些朱點是勾官畫的,是已經勾檢了的標記。

在大谷給田文書上,除載有勾官署名(如"泰""天")外,也附有朱點,在畝數右側,或在退田人姓名右側,或在受田人姓名右側。多數文書都是如此,不一一舉出。

(庚) 唐貞觀年間四件財務文書(均見吐魯番出土文書第六冊)上的勾檢字句和勾檢標記

《唐貞觀二十三年(649)殘牒爲紙筆價錢事》(73TAM210: 136/9)

　　　　(前缺)

　　　　　⌐￣￣⌐〔一〕

1 ⌐￣￣⌐上件錢以不者,其⌐￣￣⌐

2 ⌐￣￣⌐紙筆價。謹牒。

3 　　　貞觀廿三年三月　　日白⌐￣￣⌐

4 　　　　　⌐￣￣⌐將仕郎秦　智

5 　　　　　　⌐￣￣⌐

6 　　　　　　　　　　廿日

原編者注釋:

〔一〕此處原有朱筆批語,殘不可識。

《唐貞觀二十三年(649)杜崇禮等辯辭爲綾價錢事》(73TAM210: 136/8)

本件人名殘,據後件,知"崇"下缺一"禮"字。又五、六行之間夾行書寫爲朱筆批語,三、四行之間亦見有朱筆批語,殘

缺不可識。（原編者語）

1 ☐☐☐人杜崇☐☐☐
2 ☐☐☐人孟☐☐☐
3 ☐☐☐紫紬綾☐☐
　　　　　☐☐☐☐
4 ☐☐☐辯被☐☐☐將☐☐
5 ☐☐☐以不者☐☐☐件☐☐
　　　　☐☐領八　疋同☐
6 ☐☐☐兩疋今並領得。被問依☐☐
7 　　　　貞觀廿三年三月廿☐☐

《唐君安辯辭爲領軍資練事》(73TAM210：136/10－1〔a〕)
　　本件二、三行間有朱筆批語，又二行"拾"字右側有朱點一處，本件紀年殘缺，據行間朱筆批語與前唐貞觀二十三年杜崇禮等辯辭中批語字迹相同，本件年代應亦相當。（原編者語）
　　　　（前缺）
1 ☐☐☐　☐圍　図年廿八　　　一安☐☐
2 ☐☐軍資練拾疋
　　　　右勘領廿疋同付
3 ☐☐辯被問冊☐☐☐資物領☐☐☐
4 ☐☐謹審☐☐☐物☐☐☐
5 ☐☐☐被圖☐☐☐
　　　（後缺）

《唐西州高昌縣譯語人康某辯辭爲領軍資練事》(73TAM210：136/10－2)

163

本件内容爲軍資練事，與上件相同。又同墓所出《唐王公□牒》亦有譯語人，年代應亦相當。又二、三行間有朱筆批語已殘。（原編者語）

1 圙昌縣譯語人廙□□
　　　　　　　　領□□
2 軍資練拾疋□□
3 辯被問付上□□
4 □但□□
　　　　（後缺）

上列四件文書的共同特點有二：（甲），都有朱筆批語；（乙），朱筆批語皆在兩行之間，都在所批者的右側。這兩個特點和本書上文所論述的會計歷上給粮文書上的特點完全相同。上列第三件文書上"軍資練拾疋"的"拾"字右側附有朱點，這應是勾官所加的，與本書上文分析的佃人文書上數目字右側加朱點相同。從以上這些可以確定，這是四件經勾官勾檢過的財務文書。有些批語已不可識，能辨識的兩句批語，顯然是勾檢者的語氣。如君安辯辭中在"辯被問囝□□"，右側批語爲"右，勘領廿疋同付"，勘，意爲覆按，與勾檢文義相同。這顯然是勾檢者説：經過核查，所領的二十疋練，同時付給。據此可知，財務勾檢系統所使用的勾檢方式方法，在勾帳式制定之前與制定之後，大致相同。